新学習指導要領を推進する学校マネジメント

スクールリーダーが取り組むべき8つの重要課題

現代学校経営研究会 著

- 新学習指導要領の目指すもの
- 学校経営案作成
- カリキュラム・マネジメント
- 「現代的な教育課題」対応のヒント
- 人材育成
- PDCA
- 危機管理
- 保護者・地域の理解と協力

学事出版

● はじめに ●

　中教審答申(平成28年12月)、新学習指導要領告示(平成29年3月)、「同解説○○編」(平成29年6月)、文部科学省「移行措置並びに移行期間中の学習指導等(通知)」(平成29年7月)などが、次々と学校に押し寄せています。そこで、校長には新しい教育を具体化する「学校経営」が、副校長・教頭には「学校運営」が、ミドルリーダーにも学校運営への「参画意識及び積極的行動」が求められています。

　ところで、新しい教育の実現に向けた新学習指導要領の改訂のポイントは、概ね次のようにまとめることができます。

1　改訂の基本的な考え方

①子供たちが未来(自分も社会も)を切り拓くために必要な資質・能力を育成する。

②子供たちに育成する資質・能力を学校と社会が共有し、連携する「社会に開かれた教育課程」を重視する。

③現行学習指導要領の「知識・技能」の習得と「思考力・判断力・表現力等」の育成を踏まえ、更にこれらの質を高め、確かな学力を定着・維持・向上させる。

④道徳教育及び道徳科の指導において、問題発見・解決学習や体験活動を充実し豊かな心を養うとともに、健やかな体の育成を充実する。

2　授業改善の継続

①これまで各学校が蓄積してきた授業改善の成果を生かしつつさらに活性化する。そして、例えば、語彙を表現に生かす、社会に関する課題を資料に基づいて考える、日常生活の文脈で算数・数学を活用する、観察・実験を基にして科学的根拠をもって思考する等、これからの時代に求められる資質・能力を育成するための授業の改善・充実を継続する。

②既に行われている優れた教材、実践例、指導案などを整理し、共有化して、授業の準備や校内研究の基盤として活用する。

3　カリキュラム・マネジメントの確立

①教科横断的な学習を充実し、学習の基盤となる資質・能力(言語能力、情報活用能力、問題発見・解決能力など)や現代的諸課題の対応に求められる資質・能力を育成する。

②「主体的・対話的で深い学び(≒AL)」を充実し、単元や小単元のまとまりの中で、習得・活用・探究の効果的な展開を工夫する。

③学校全体として、教育内容や時間の適切な配列・配分、人的・物的資源の活用、実施状況に基づく改善などを通して、教育活動の質を向上させ、学習の効果を最大化するカリキュラム・マネジメントを確立する。

もしも自分が、この重要な時代に校長だったとしたら「どのように考え、どのように行動するだろうか？」と、これまでの職業経験を振り返りあれこれ思い巡らせました。そして、自分流に整理できたので、本書にまとめました。

　これまでの職業生活でさまざまな変革に遭遇し、悩みながらも多くのことを体験的に学びました。例えば、公立小教員時代は教育現代化、大学附属小教員時代は豊かな人間性や問題解決学習、指導主事時代は地域に根ざした教育＆臨教審（個性重視＆生涯学習）、主任指導主事時代は道徳教育＆環境教育、課長時代はTT（少人数指導、習熟度別指導の前身）＆学校評価の改善＆生活科の新設、研究所長時代は総合的な学習の基礎研究＆へき地研究の充実、小学校長時代は文科省開発学校総合的な学習の時間のカリキュラム開発＆小学校における英語学習の先導的実践、等々です。

　特に、校長としての2校7年間では、総合的な学習の時間の単元開発、習熟度別指導の実用化、学校評価（外部評価の導入）、地域の人的・物的資源を活用した授業（地域は教材、地域は教室、地域は教師）、教員考課制度や主幹教諭・指導教諭制度の実施、等々充実していました。

　また、私が、学級担任時代にご指導いただいた西田キミ先生、田山暢男先生、渡辺孝三先生、伊津野朋弘先生、菊地光秋先生の5人の校長先生からのご指導を、週案のメモやコメントなどを読み直し、振り返りました。特に、渡辺孝三先生には、悩みごとを手紙（返信用封筒同封）で相談いたしますと、その都度丁寧なご返信（ご指導）を賜り、その誠実さに感激いたしました。そして校長時代、「このような時、○○先生だったらどう考え、どう進めるだろうか？」と、大恩師の校長先生方のご指導を反芻しつつ進めました。

　そこで、体験した「あれこれ」を新学習指導要領の趣旨から見直し、自分なりの視点で1冊にまとめてみました。校長先生、副校長・教頭先生、ミドルリーダーの先生方の忌憚のないご批判とご指導を切にお願いする次第です。

　末筆になりましたが、拙稿をこのように整えていただきました諸先輩方、現代学校経営研究会の皆様、算数教育研究会OCHIAI会の皆様、特に学事出版の花岡萬之氏に衷心より感謝申し上げます。

現代学校経営研究会
代表　小島　宏

新学習指導要領を推進する学校マネジメント
~スクールリーダーが取り組むべき８つの重要課題~

もくじ

はじめに　3

第1章　新学習指導要領が目指すもの……………………9
1. 新学習指導要領の理念　10
   - （1）新学習指導要領のキーワード　10
   - （2）教育基本法と学校教育法との関係　11
   - （3）新学習指導要領における「総則」のポイント　12
2. 学校の教育目標の設定　13
3. 実践につなげる「教育目標の構造化」　13
   - （1）教育目標と実現した児童生徒の姿　13
   - （2）教育目標と学年目標・学級目標との関連　13

第2章　新学習指導要領を具体化する「学校経営案」の作成……………………17
1. 学校経営の基本方針　18
2. 目指す学校像と基本方針を明確にした「学校経営案」　18
   2020年度Ｔ区立Ｎ小学校の学校経営案（例）　20
3. 学校経営案を具体化するための「隠し味」　31

第3章　新学習指導要領を実現するカリキュラム・マネジメント……………………35
1. チーム学校としての指導体制の確立　36
2. 「社会に開かれた教育課程」と「カリキュラム・マネジメント」　37
3. チーム学校としての教育課程の編成　38
4. 移行措置の実施　40
5. 授業時数確保と時間割編成　42
6. 教育課程の評価と活用　47
   - （1）教育課程の評価の在り方　47
   - （2）教育課程の評価の重点　47
   - （3）学校評価（自己評価）の効果的な進め方　48
   - （4）保護者や地域住民の協力を得るための取組　48
7. 地域に根差した教育　49

第4章 「現代的な教育課題」への対応のヒント　　53

1. 学校に押し寄せる「現代的諸課題」　54
2. 資質・能力の3つの柱　54
3. 主体的・対話的で深い学び（≒AL）　55
4. 小学校外国語活動・外国語科の指導　55
5. 道徳科の指導と評価　57
6. いじめ・不登校・問題行動　58
7. 子供の貧困　58
8. インクルーシブ教育　58
9. 主権者教育　59
10. 情報活用能力（含む情報モラル）　59
11. プログラミング教育　59
12. グローバル人材　60
13. 学習評価　61
14. ESD（持続発展教育）　62
15. UD（ユニバーサルデザイン）　63
16. キャリア教育　64
17. 言語能力の育成　64
18. スタートカリキュラム　65
19. 働き方改革　66
20. Society5.0の時代　66

第5章 人材育成　　67

1. 校長の学校経営の基本方針の周知　68
2. 教育情報の提供　68
3. ウロウロ経営　68
4. 教職員とのコミュニケーション　69
5. チーム学校を実現する人材育成　70
6. 子供にとって好ましい教師像　71
7. 全教職員が参画・参加するチーム学校　76
8. 校内研究へのリーダーシップ及び運営と共有化　77
9. 「自己申告書」の適切な実施と活用　78
10. 校長の自己研修・研究　78

第6章　学校運営のPDCA ……… 79
1　簡潔・簡便なPDCA　　80
2　目標実現のPDCA　　82
3　PDCAサイクルの大小　　82
4　無理のないCAの実施　　83

第7章　学校の危機管理 ……… 85
1　学校の危機管理　　86
　（1）学校の危機管理の3つの視点　　86
　（2）学校の危機管理の概要　　87
2　学校の危機管理10のポイント　　88
3　学級などの危機管理　　106

第8章　保護者や地域住民の理解と協力 ……… 111
1　保護者・地域住民との関係づくりのポイント　　112
2　理解・協力関係の事例　　112
3　学校を開く　　113
4　コミュニティ・スクールの運営　　118

第1章

新学習指導要領が目指すもの

新学習指導要領が目指すものは、教育基本法や学校教育法、学習指導要領等に基づいて、適切な教育課程を編成し、充実した教育活動を実施することである。

1 新学習指導要領の理念

　2020年度からの学校教育を考える時、新学習指導要領を理解するとともに、教育基本法や学校教育法で教育の目的と目標との関連を再確認することが必要である。

（1）新学習指導要領のキーワード

　なお、学校の教育目標の設定や改訂に当たっては、次のキーワードに配慮し、「充実した学校運営」と「質の高い教育活動」を実現することが求められる。

1　「生きる力」の育成
2　社会に開かれた教育課程、カリキュラム・マネジメント
3　「主体的・対話的で深い学び」（≒ AL＝アクティブ・ラーニング）
4　何ができるようになるか？
　①育成を目指す資質・能力の3つの柱
　②教科等を超えた全ての学習の基盤として育まれる資質・能力
　③現代的な諸課題の対応に求められる資質・能力
5　何を学ぶか？
　①各教科を学ぶ意義
　②教育課程の編成・指導計画の作成
　③各教科間・学校間のつながり
6　どのように学ぶか？
　①学習・指導の改善・充実
　②学びの質の向上
　　主体的・対話的で深い学びの実現
　③発達段階や学習課題等に応じた学び
7　何が身に付いたか？
　①学習評価の充実　　②評価の3つの観点と留意事項
8　児童生徒の発達への支援
9　全ての教育活動の基盤としての学級経営、学習指導と生徒指導、キャリア教育、個に応じた指導、インクルーシブ教育、日本語能力に応じた支援
10　実施するために何が必要か
　①諸条件の整備　　②社会との連携・協働
11　新学習指導要領の改訂の要点の理解
　①各学校段階の改訂のポイント　　②各教科等の改訂の内容

（２）教育基本法と学校教育法との関係

　学校の教育目標を、教育課程や指導計画（含む評価計画）として具体化し、質の高い教育を実現するためには、教育基本法や学習指導要領等の再確認が必要である。
　〈教育基本法第１条〉教育の目的に続き、第２条では次に掲げる目標を達成するとしている。（★は作成者加筆）

> 1　幅広い知識と教養を身に付け、真理を求める態度を養い、豊かな情操と道徳心を培うとともに、健やかな身体を養うこと。（★知・徳・体を調和的に育成）
> 2　個人の価値を尊重して、その能力を伸ばし、創造性を培い、自主及び自立の精神を養うとともに、職業及び生活との関連を重視し、勤労を重んずる態度を養うこと。
> （★個人の尊重つ能力の伸長、創造性、自主・自立の精神、キャリア教育）
> 3　正義と責任、男女平等、自他の敬愛と協力を重んずるとともに、公共の精神に基づき、主体的に社会の形成に参画し、その発展に寄与する態度を養うこと。
> （★正義・自由と責任、人権教育、自他の尊重と協力、公共の精神、社会の形成・発展に参画・寄与）
> 4　生命を尊び、自然を大切にし、環境の保全に寄与する態度を養うこと。
> （★生命尊重、自然・環境保護、ESD）
> 5　伝統と文化を尊重し、それらを育んできた我が国と郷土を愛するとともに、他国を尊重し、国際社会の平和と発展に寄与する態度を養うこと。
> （★伝統文化の尊重、国と郷土への愛、他国の尊重、国際社会の平和と発展に寄与）

　さらに、学校教育法第21条では、義務教育として行われる普通教育の目標を、各教科・領域等を想定して、次のように示している。

> 1　学校内外における社会的活動を促進し、自主、自律及び協同の精神、規範意識、公正な判断力並びに公共の精神に基づき主体的に社会の形成に参画し、その発展に寄与する態度を養うこと。
> 2　学校内外における自然体験活動を促進し、生命及び自然を尊重する精神並びに環境保全に寄与する態度を養うこと。
> 3　我が国と郷土の現状と歴史について、正しい理解に導き、伝統と文化を尊重し、それらを育んできた我が国と郷土を愛する態度を養うとともに、進んで外国の文化の理解を通じて、他国を尊重し、国際社会の平和と発展に寄与する態度を養うこと。
> 4　家族と家庭の役割、生活に必要な衣、食、住、情報、産業その他の事項について基礎的な理解と技能を養うこと。
> 5　読書に親しませ、生活に必要な国語を正しく理解し使用する基礎的な能力を養うこと。
> 6　生活に必要な数量的な関係を正しく理解し、処理する基礎的な能力を養うこと。

7　生活に係る自然現象について、観察及び実験を通じて、科学的に理解し、処理する基礎的な能力を養うこと。

8　健康、安全で幸福な生活のために必要な習慣を養うとともに、運動を通じて体力を養い、心身の調和的発達を図ること。

9　生活を明るく豊かにする音楽、美術、文芸その他の芸術についての基礎的な理解と技能を養うこと。

10　職業についての基礎的な知識と技能、勤労を重んずる態度及び個性に応じて将来の進路を選択する能力を養うこと。

（3）新学習指導要領における「総則」のポイント

前文を新設し、教育の質の向上を図るために、カリキュラム・マネジメントの流れに沿って、総則の示し方を改めた。そして、「生きる力」を育み、人生や社会を切り開いていくために必要な資質・能力が身に付くよう、学校段階間や教科等間のつながりを見通した教育課程の編成を求めている。さらに、障害のある子供も含め一人一人の発達を支援するための充実を明記した。以下は、総則の内容構成の概要である。

①小中学校教育の基本となる教育課程の役割（何ができるようになるか）
　○教育基本法に示された教育の目的・目標に向けた教育を行う。
　○主体的・対話的で深い学びの実現、創意工夫を生かした特色ある教育活動
　○育成を目指す資質・能力の3つの柱を偏りなく実現できるようにする　★新設
　○教育活動の質の向上―カリキュラム・マネジメントの実現

②教育課程の編成（何を学ぶか）
　○学校の教育目標と教育課程の編成　★新設
　○教科等横断的な視点に立った資質・能力の育成　★新設
　○教育課程における共通的事項　○学校段階等間の接続　★新設

③教育課程の実施と学習評価（どのように学ぶか、何が身に付いたか）
　○主体的・対話的で深い学びと学習評価
　○学習評価の充実―学習評価の実施に当たっての配慮事項

④児童生徒の発達の支援（子どもの発達をどのように支援するか）　★新設
　○児童生徒の発達を支える指導の充実―教育課程の編成・実施における配慮事項
　○特別の配慮を必要とする児童生徒への指導　★新設

⑤学校運営上の留意事項（実施するために何が必要か）★新設
　○教育課程の改善と学校評価等
　○家庭や地域社会との連携及び協働と学校間の連携

⑥道徳教育推進上の配慮

2　学校の教育目標の設定

　教育課程編成の基本的要素は、「学校の教育目標」や「教育目標達成のための基本方針及び指導の重点、教育課題への対応」、「指導内容の組織化（各教科等の指導内容、指導計画）」、「授業日数と授業時数の配当」等である。

　そこで、学校の教育目標は、学校の実態、保護者・地域などの実情に即し、社会や世界とのつながりを考慮して設定する。学校の教育目標は、「児童に今後、身に付けさせるべき資質・能力等」を明確にし、教育の目的や目標の実現を目指した内容にして、妥当性を担保する必要がある。また、学校評価に耐え得るものとして設定し、保護者や地域等に公表し、共有する。そのため教訓やスローガンにならないよう留意する。

3　実践につなげる「教育目標の構造化」

　N校では、教育目標の設定に際し、学校や児童生徒の実態（良い点、改善点、新規導入など）に加え、同窓会、高学年児童や生徒、保護者・地域住民（諸機関関係者、学校協力者、学校行事等の招待者など）の意見等を聴取し、整理・分析した。

　これらに、学校評価の結果も加味して、教務部を中心に複数の教育目標案を作成し、職員会議で検討した。それを3つの案に集約し、実態調査と同様の対象者に、どれに賛同するかアンケート調査をし、その結果を踏まえて調整し、最終決定をした。手間と時間は要したが、学校の教育目標を設定するプロセスに参加していただいたことが、保護者等の関心を高め、結果的に学校への理解を深める副次的な効果が得られた。

（1）教育目標と実現した児童生徒の姿

　学校の教育目標を実現するためには、充実した教育活動を通して指導した結果として、実現した児童生徒像を具体的に想定し、それを学校（教職員、児童生徒）、保護者・地域住民などで共有化する必要がある。そこで、例えば、N校の教育目標と、この目標を実現した児童生徒像との関わりを構造化すると16頁の表−2のようになる。

（2）教育目標と学年目標・学級目標との関連

　学校の教育目標の実現を目指し、充実した教育活動を展開するためには、「教育目標」と「学年目標」及び「学級目標」とを関連的に捉え、その全体像を、全教職員で共有することが重要である。学校の教育目標とそれが実現した子供像を描き、さらに、低・中・高学年、各学年・各学級の目標の関係を構造化すると、実現に向けた方策が講じやすくなるからである。このことは、校長の学校経営と副校長・教頭の学校運営、学年経営と学級経営、教科経営、保健室運営や教育相談室運営を関連的・有機的に進めていくときの「共通の目標」の確認になり、大切な事柄である。

　それを具体的に示すと、例えば、次頁の表−1のような構造化が考えられる。

表-1　学校の教育目標と学年目標の関係

	学校の教育目標の実現した子供の姿	低学年
みがく・かかわる・未来をひらく	**＜すなおな子＞** 〇人・もの・自然と関わり、豊かに感じる子 〇自分の思いを素直に表す子 〇ものごとに対して真正面から向き合う子 〇自分の考えや意見を伝えられる子 〇悩みを相談できる子	〇美しいものやよいことに素直に感動する。 〇自分の考えや思い、感じたことを表現する。 〇気持ちの良いあいさつをする。 〇感謝・お礼、謝ることが素直にできる。 〇ていねいな言葉づかいができる。 〇困ったことは、先生や家の人に相談する。
	＜よく考える子＞ ●自分のことは自分でする子 ●意欲的に取り組む子 ●学習に打ち込み、基礎・基本を身に付け、考える力を高める子 ●既習事項を生活や学習に活用できる子 ●自分の見方・考え方、感じ方などを表現し、伝えられる子 ●善悪の判断がつき、正しいことは勇気を持って行動し、結果を振り返られる子 ●健康に気を付け、体力を高めようとする子 ●自己を振り返ること（自己評価）のできる子	●色々なことに興味・関心を持つ。 ●自分でしたり、観察したり、試したり、考えたり、表したりする。 ●話がきちんとでき、しっかり聞け、話し合いができる。 ●自分のことは自分でする。 ●学習や仕事がきちんとできる。 ●「4あ（あいさつ・あつまり・あんぜん・あとしまつ）」がきちんとできる。 ●動植物や物を大切にできる。
	＜なかのよい子＞ ◎友だちなど人と関わり認め合い、協力し合い、学び合いができる子 ◎他の人を思いやり、みんなのために力を出す子 ◎人権を大切にできる子 ◎自然、文化、歴史などと関わり、大切にし、さらに良くしようとする子 ◎現代的課題に関心を持ち、考え、行動する子 ◎社会や世界のことに関心を持ち、尊重し、交流し、友好的に行動できる子	◎人に親切にし、手助けができる。 ◎わがままや自分勝手を我慢する。 ◎みんなと仲良く、楽しく生活や学習ができる。
	＜たくましい子＞ □健康や身体のことが分かり、体力づくりや健康づくりのできる子 □夢や願いを持ち、自分の目当てに向かって考え、行動できる子 □明るく元気に、前向きに生きる子 □社会や世界のことに関心を持ち、主体的にかかわり、前向きに生活する子	□みんなと元気よく遊ぶ。 □進んで運動をする。色々な運動に挑戦する。 □目当てを持って色々なことに取り組み、工夫してがんばる。 □やるべきことはし、してはいけないことはしない。したほうがよいこともする。 □苦手なことにも希望を持って、明るく元気に過ごす。

学年の重点目標	1学年	2学年
	（省略）	（省略）
学級の目標	（省略）	（省略）

中学年	高学年
○美しいものやよいことに素直に感動する。 ○自分の考えや意見、思い、感じたことを表現し、相手に伝えることができる。 ○気持ちのよいあいさつを進んでする。 ○心のこもった丁寧な言葉づかいをする。 ○感謝や謝罪がきちんとできる。 ○困ったことは、先生や家の人に相談する。	○美しいものやよいことに素直に感動する。 ○自分の考えや意見、思い、感じたことを表現し、相手に伝えることができる。 ○気持ちの良いあいさつを進んでする。 ○心のこもったていねいな言葉づかいができる。 ○感謝や謝罪がきちんとできる。 ○困ったことは、先生や家の人に相談する。
●色々なことに興味・関心を持ち、進んで取り組む。 ●自分でしたり、観察したり、試したり、考えたり、表したりする。 ●自分の考えで追究し、表現し、学び合える。 ●話がきちんとでき、しっかり聞け、話し合いができる。 ●自分にできることを進んでする。 ●学習や仕事がきちんとできる。 ●「4あ（あいさつ・あつまり・あんぜん・あとしまつ）」がきちんとできる。 ●きまりを守って行動する。 ●いのち、動植物や物を大切にできる。	●色々なことに興味・関心を持ち、「自分で」粘り強く取り組む。 ●自分でしたり、観察したり、試したり、考えたり、表したりする。 ●自分の考え方で追究し、表現し、学び合える。 ●話がきちんとでき、しっかり聞け、話し合いができる。 ●進んで仕事を引き受け責任を持ってやり遂げる。学習や仕事がきちんとできる。 ●「4あ」がきちんとできる。 ●きまりの意義を理解し守る。 ●その場に応じた正しい判断をし、行動する。 ●いのち、人権、動植物や公共物を大切にできる。 ◎相手の気持ちや立場を考えて行動する。
◎相手の気持ちを考えて行動する。 ◎人に親切にし、皆で協力し、助け合う。 ◎わがままや自分勝手なことはしない。 ◎生活や学習でみんなと仲良くでき、もめごとになっても仲直りができる。	◎相手の気持ちや立場を考えて行動する。 ◎人に親切にし、時と場に応じた助け合いや励ましができる。 ◎わがままや自分勝手、迷惑なことはしない。 ◎生活や学習でみんなと仲良くでき、対立しても仲直りができる。
□みんなと元気よく遊ぶ。 □進んで運動をする。色々な運動に挑戦する。 □目当てを持って色々なことに取り組み、工夫してがんばる。 □やるべきことはし、してはいけないことはしない。したほうがよいこともする。 □苦手なことにも希望を持って、明るく元気に過ごす。	□みんなと元気よく遊ぶ。 □進んで運動し、苦手な運動にも挑戦する。 □目標に向かって色々なことに取り組み、工夫し、粘り強くがんばる。 □やるべきことはし、してはいけないことはしない。したほうがよいこともする。人のためになることをする。 □困難なことや苦手なことも克服しようと前向きに努力する。

3学年	4学年	5学年	6学年
（省略）	（省略）	（省略）	（省略）
（省略）	（省略）	（省略）	（省略）

表-2　学校の教育目標を実現した児童の姿

学校の教育目標	目標を実現した児童の姿
<みがく> ○生活・学習の自立・自律 　自ら課題を見つけ、自ら考え、主体的に判断し、積極的に実行し、その結果に責任を持ち、振り返り、自分を高め続ける。 ・質の高い学力、主体的に学習に取り組む態度 ・主体的・対話的で深い学び ・豊かな心、健やかな体 <かかわる> ○人間関係・コミュニケーション、社会性・協働、国際理解 　自他にやさしい心を持って人間関係を豊かにし、かかわりを深め、互いに自分の力を他のために生かし合う。 ・好ましい人間関係 ・協力・共同・協働 ・思いやり、責任感、共生 ・対話、討論 ・社会や世界とのつながり <未来をひらく> ○前向きな生き方、たくましさ、創造性、明るい展望をもち、よりよい生き方を求め、未来を逞しく切り拓いていく。 ・前向きな発想と行動 ・将来の夢・目標にチャレンジ ・新たな課題の発見・解決 ・自己の生き方	<「すなおな子」の要素> ・人・もの・自然と関わり、豊かに感じる子 ・自分の思いを素直に表す子 ・ものごとに対して正面から向き合う子 ・自分の考えや意見を伝え、悩みを相談できる子 <「よく考える子」の要素> ・自分のことは自分でし、意欲的に取り組む子 ・知識・技能や考える力を身に付ける子 ・既習事項を生活や学習に活用できる子 ・自分の考えなどをを表現し、伝えられる子 ・善悪の判断がつき、正しいことを勇気を持って行動し、結果を振り返られる子 ・健康に気を付け、体力を高めようとする子 ・自己の振り返り（自己評価）ができる子 <「なかのよい子」の要素> ・友だちなど人と関わり認め合い、協力し合い、学び合いができる子 ・他の人を思いやり、みんなのために力を出す子 ・人権を大切にでき、いじめをしない子 ・自然、文化、歴史などと関わり、大切にし、さらによくしようとする子 ・現代的課題に関心を持ち考え、行動し、社会や世界のことに関心を持ち主体的に関わり、尊重し、交流し、友好的に行動でき、前向きに生活する子 <「たくましい子」の要素> ・健康や身体のことが分かり、体力づくりや健康づくりのできる子 ・夢や願いを持ち、自分の目当てに向かって考え、行動できる子 ・明るく、元気に、前向きに生きる子

第2章

新学習指導要領を具体化する「学校経営案」の作成

学校経営案は、単なる校長の思いを綴るものではない。「学校の教育目標」の実現に向けて、方針と進め方の骨子を示すものである。その際、チーム学校としての「学校運営」と「質の高い教育活動」の展開を中核に置く必要がある。

1　学校経営の基本方針

学校経営の基本方針を発想するに当たっては、例えば、下図のような構想の下に進める。その際、どのような学校づくり（E：目指す学校像）をするか、そのために、どのような視点から切り込めばよいかと発想して、具体化していくようにする。

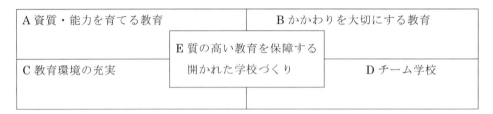

そこで、「E 質の高い教育を保障する開かれた学校づくり」を目指して、例えば、それを「A 資質・能力を育てる教育」「B かかわりを大切にする教育」「C 教育環境の充実」「D チーム学校」の視点から具体的にどう実現するかを示すことが考えられる。

なお、学校経営の基本方針を作成したら、3学期の職員打ち合わせや職員会議等の機会を利用して、全教職員に説明し、周知・徹底するとともに意見を求め、必要な調整・修正をする。そして、このことによって、教職員の学校経営に対する参加意識を喚起する効果が期待できる。

2　目指す学校像と基本方針を明確にした「学校経営案」

「学校経営の基本方針」に基づいて、例えば、下記の7つの柱で「学校経営案」を作成し、効果的な学校運営の進め方（方策）及び質の高い教育活動を具体化する。

```
1　学校経営の基本理念
2　目指す学校像
3　学校経営の基本方針
4　学校経営の努力点
5　校内研究の日常化と子供が確実に育つ教育活動の展開
6　子供の願いと保護者の期待に応える学校
7　学校経営に当たる校長の姿勢
```

そして、3月に適宜機会を設けて教職員に周知徹底し、次年度の学校運営と教育活動への意欲的・創造的な取組を促すきっかけづくりとする。なお、東京都T区立N小学校を仮想して、学校経営案の例を20～30頁に示す。

第2章 新学習指導要領を具体化する「学校経営案」の作成

表-3　学校経営の基本方針（案）

T区立N小学校　2019年2月10日

東京都T区立N小学校　校長　小鳥　宏　2020年4月1日

2020年度　学校経営基本方針

A：資質・能力を育てる教育

1. 質の高い学力の保障（生きて働く知識・技能の定着、思考力・判断力・表現力等の育成、創造性、主体的に学習に取り組む態度、学習習慣）
2. 主体的・対話的で深い学びの充実（問題発見・解決学習、体験的な学習、探究的な学習の充実、対話（ダイアログ）・討議（ディスカッション）、知的コミュニケーションの充実、協働学習、協働する態度、子どもの未熟さ・多様性の発揮、よさを伸ばすことの重視）
3. 教育課程・授業課程の工夫・改善するPDCAサイクル≒教育課程の指導と評価の一体化、週案と授業の中の指導と評価、自己評価、メタ認知、実質的な校内研修
4. 教育諸課題への指導・対応（道徳科、キャリア教育、UD、ESD、プログラミング教育、日本や他国の文化・伝統の理解と尊重、シティズア活動、社会や世界との関わり、AIと人間など、健康と体力、協力など豊かに生きる育成、目標を持つ実現に向けて粘り強く取り組む態度、自力解決と協働解決）

B：かかわりを大切にする教育

1. 子供の生命・安全の指導と対策（付き・急病、持病、アレルギー特に食物アレルギー、避難訓練、外部侵入者対策、危険予知と回避）
2. 自覚と自立（必要感、自律の生活指導（基本的な生活習慣の定着、学校の生活指導、最少化、作り守る体験、4あいさつ、言語環境の整まり、あらすあよう、苦情的理解と愛情ある支援、3つ叱る言語環境）
3. 生命・人権尊重の充実（青定的指導：暴言・人や社会への迷惑の徹底と言語指導の充実、青定的指導・人や社会への迷惑の徹底）、「人権」「生命」SNS・LINE、好ましい人間関係のある学級経営、いじめへの徹底禁止と撲滅）
4. いじめの根絶（道徳科の指導、学級経営、小さな兆候を見のがさない、許さない、仲直りできる）
5. 全ての子供への温かい関り、3かけ（目・声・手間をかけ）3ほめ（努力・見のがさない、ほめる）3かけ
6. 思いやりの育成≒好い提案を行動、子供と教師の心から立ち上がる温かい関り、役takingabilities（相手の心に立ち止め・止めと受け止め・行動、子供と教師の心の温かい関り、心の豊かさ（思いやり、手助け、優しさ、親切、協力）の指導と奨励

E：質の高い教育を保障する開かれた学校づくり

1. 学校の教育目標≒（①子供が生き生くと生活と学習のできる学校、②よく考える子、なかよくする子、たくましい子）
2. 学校を開く（①子供が生き生きと学ぶ能力と学習のできる学校を目指す、③保護者・地域が開き協働して教育する学校、③地域の人材と連携した学校、④地域に根ざした教育を実践する学校、地域は教室・地域は先生・地域は教材・地域は世界の窓口
3. 「2020N小教育プラン」を活用し、質の高い教育を実施する
4. 子供が「考え、分かり、できる」活用できる授業の実現
5. 生命と人権を守る指導と対応
6. 教育課題への適切な指導・UD（いじめ、道徳科・英語科、インクルーシブ教育・UD（全ての子、困った子→困った親→困っている先生）、プログラミング教育、キャリア教育、アクティブ・ラーニング教育など）
7. 今年度の6重点（①校内研究の日常化と評価の日常化と支援の一体化、授業改善、授業改善と教科指導の充実、指導体制の工夫・進（②生活指導の質の向上）、③成果のある学校（学校評価の充実と学校経営・進化のある学校（学校評価の充実と同題点の改善による可変性・進化のある学校（学校評価の充実）、4. よい点の継承・課題の発見と原因の特定と改善・無数の廃止、5. 不足の補充と新規導入・全体として次年度に引き継ぐ、学校評議会、参考意見）、5. 好ましい人間関係の構築、④教育情報の共有と活用、学校、教師と保護者、地域、いじめ、不登校への指導、対応・配慮、各種活用通信（子供と教師、子供と子供、学校と保護者・学校年・各種便り、学校情報の公開、学校公開、HPなど広報戦略）」

C：教育環境の充実

1. 学習環境（地域の人的資源・授業協力者の活用、体験活動の可能な環境、放送、掲示など学習など人権に配慮した言語環境、創意、工夫、新鮮で変化のある環境、学校図書館、学習センター・情報センター、ICT活用機能と美しさ）
2. 教材・教具（パソコン・タブレット・インターネット、電子黒板などICTの活用、教科用教材教具の有効活用と開発）
3. 管理（有効活用と適切管理、安全衛生点検、整備、施設・設備の有効活用と地域の諸活動支援、特別教室などの整備、外部侵入者対策、地域への諸活動支援など、活動上の質の充実と補充、地域への諸資源の活用）
4. 清潔な学校を共にしていくが汚れや劣化は美しく行いたいが故意の破損は許さず

D：チーム学校

1. 判断基準は「子供のために」となっているか？（なるか？）
2. 校務分掌（学校組織としての発想、計画的・効率的・効果的な執行・適正な執行、役割分担と責任、連携、協働、校務分掌ごとのPDCA）
3. 学校事務（事前の報連相による調整、適切な手順・手続き、正確な実施）
4. 効率化・集約化（子供の子育の計画的活用・効率化・節約化、省力化、紙・電気、小さな話）
5. チーム学校（積極的提案・直言、語り継ぎ、報連相、協力、役割と責任、連携、協働、自分一人で悩みを抱えない）
6. 原則に即した未来ある運営（真実を1つて現実は多様相、真実に近い現実で対応、人より仕事、全体より親身に部分）
7. 服務の厳正（違法、世間の常識を採用、個人プレイでなく学校のモデル）
8. 人間味のある渉外（正しい日本語で、子供でなく小さい事柄も親身に立場で交換、早めに、正しい手順・手続き）

2020年度Ｔ区立Ｎ小学校　学校経営案

2020年4月1日　　校長　小島　宏 ㊞

1　学校経営の基本理念

　Ｎ小学校が147年にわたって積み重ねてきた伝統・文化、校風を継承しつつ創造性と可変性のある学校経営を進め、子供が「自ら課題（問題）を見つけ、自ら考え、それを表現（まとめ、説明、討議）し、自律的に判断し、解決（誠実に実行）し、振り返り・調整し、その結果を身に付け、活用できるようにする」など、質の高い教育活動を展開する。

　その際、Ｎ小学校は、次のことを目指していることを認識し、「子供に開き」、「教職員が開き」、「保護者・地域に開いた」学校運営と教育活動を進める。

> ①子供のためにある　　　　　②義務教育段階である
> ③公立学校である　　　　　　④生涯学習の基礎づくりである
> ⑤自己の確立とともに社会の形成者となる教育を行う
> ⑥結果の出せる教育活動を行う

　また、「Ｔ区教育活性化プラン」を十分に読み込み、その基本方針及び学校の実態、社会の動向、保護者・地域などの願いを踏まえて、Ｎ小学校の果たすべき役割と責任を自覚して進める。

2　目指す学校像

　本校の教育のよさや成果を継承するとともに、社会の変化に主体的に対応できる子供を育成できる学校の創造を目ざし、「質の高い学力の定着・維持・向上」、「生活指導の徹底及び心の教育の充実」、「健康と体力の育成」について、以下の３点を重視して結果の出せる学校づくりを進める。

（１）子供とのかかわり―自律した学習者、生涯学習の基礎づくり―

　子供一人一人のよさや可能性を見いだし、それが発揮できるよう特色ある教育活動を展開する。基盤は「生活指導の徹底、授業の充実、思いやりや協力の心の育成にある」ことからずれないようにする。

（２）教職員とのかかわり―子供の自己実現への援助、協働体制―

　子供のよさや可能性が発揮・実現できるよう教職員の協働体制を整え、組織体（チーム学校）としての機能が発揮できるようにする。特に、「授業力＝手抜きをしない態度＋指導力＋評価力」を重視する。

（３）家庭・地域とのかかわり―開かれた学校、協力・連携―

「子供のためになるか？」を判断の拠り所にし学校の教育機能が発揮できるよう説明し、公開して、「家庭・地域との協力・連携」を進めていく。

3 学校経営の基本方針

学校は子供のためにある。したがって、学校は、子供が認められ、今の自分に自信をもち、明日へのよりよい生き方を求める存在を意識できる場とする。学校や学級に受容的、共感的、肯定的な雰囲気と、基本を徹底する指導があるとき、子供にとって居場所のある学級・学年・学校となる。そこで、次の諸点を基本方針とする。

(1)「子供に開いた」楽しい、生甲斐のある学校にする

子供の生命と人権の尊重について正しく認識し、誠実に実践し、全ての子供がその子らしく人間として尊重されるようにする。

★優しさと厳しさのある学校（優しく受け止め、基本はきちんと指導する）
★受容・共感・肯定のある学校（温かさ、安心、自信、自立・自律、肯定的評価）
★思いやりと協力のある学校（思いやり、認め合い、学び合い、高め合い、親切、協力・助け合い、譲り合いなど）
★工夫と創造のある学校（意欲、工夫、創造性、未来志向）
★充実と活力のある学校（自主性＝自発性＋主体性、目的・目標、行動力、満足感・達成感、自己有用感・自己肯定感、挑戦、明るく・元気・前向き）
★遊びと友達のいる学校（好ましい人間関係、社会性、思いやり、安らぎ、発散）
★心と科学の調和した学校（仲よし、友好、ボランティア、情操教育、情報教育）

(2)「教職員に開いた（が開き）」、協働する学校にする

議論はするが反目せず、異論・異見に学び合い、互いの専門性や持ち味を活かし合う学校にする。提案、交流、議論など教職員が相互に開き、学び合うようにする。

(3) 保護者や地域に開いた親しみのある学校にする

学校公開、学校だより、HP、学年・学級だより、保健だより、生活指導だより、給食だより、各種お知らせなど情報公開・広報活動を工夫し、説明責任を果たす。保護者会や学校運営協議会の運営、PTA・地域との協力、意見や提案、要望や苦情への誠実な対応と活用などに努める。

(4)「地域に根ざした学校」にする

学校外協力者の授業参加（地域は先生）、体験や学習空間の拡大（地域は教室）、地域の歴史、文化・伝統、産業、生活等の学習（地域は教材）、社会や世界との係わり（地域は社会や世界の入口）など地域の人的・物的資源や教育力及び知恵（建設的な意見や提案、外部評価、学校運営協議会、その他）の活用を推進する。（注：詳細は、51～52頁の表9及び表10）

4 学校経営の努力点

「子供のためになるか?」を意思決定や評価の基準にして、誠実に、意欲的に、実践的に、チーム学校として「地道な学校運営」と「教育活動の充実」に努める。

(1) 学校の教育目標が「子供の姿」として見えるようにする

教育目標の実現状況が、子供一人一人の学校生活や学習活動の中で、具体的に見えるようにする。そのため次の諸点を重視する。

①「2020 N小教育プラン」に基づいて教育活動を展開する。
②日々の教育活動を計画的に進め、課題には組織的に、誠実、迅速、柔軟に対応する。
③校務分掌の組織を生かし、協働的(相談、協議、調整、協力・連携、協働)・計画的に実践を進め、常にもう一歩の進歩を求め改善し続けていく。
④生活指導は、学級経営や授業の基盤として重視する。生活指導部や学年・学級、看護当番(週番)や教育相談などの組織をあげて、全員で考え、全員で悩み、全員で取り組み、全員で解決していく。
⑤率先垂範をモットーに、教育目標(実現した子供の姿)を認識し、その実現に向けて前向きに行動する教職員であり続ける。

★「すなおな子」の育成のために、教職員自らが心身ともに健康であるよう努め、子供に安定した温かい心で接することができるようにする。

★「よく考える子」の育成のために、教職員自らも研修・研究に励み、深く考え、工夫を重ね、誠実に、粘り強く、最後まで責任をもってやり遂げるようにする。

★「なかのよい子」の育成のために、教職員自らがよきモデルとして相互に協力し合い、学び合い、親切・協力・思いやりを実践し、子供のために全力を出し切る。

★「たくましい子」の育成のために、教職員自らが法(きまり)を遵守する行動をとり、健康・体力の維持に努めるとともに常に明るく、前向きに取り組むようにする。

(2) 清潔で美しく、子供が落ち着いて楽しく生活できる学校にする

子供たちにとって学校は、楽しく学び合い、友だちと伸び伸びと関り合う生活の場である。そこで、教職員一丸となりチーム学校として、清潔で整った安全な環境のもとで、仲よく助け合い、約束が守られ、活気がみなぎり、「安心・安全・安定」のある学校生活が送れるようにしたい。

そして、「早く学校に行きたい」「もっと学校にいたい」「明日も学校に来たい」という気持ちをどの子供にも持たせたい。

①綺麗で爽やかな環境を整える。

掲示、放送などの内容・方法を工夫し、言語環境を整える。人権侵害や吟味不足の情報に留意する。子供にとって教室は最も身近で大切な環境である。創意・工夫、新

鮮、変化、楽しさに富む教室環境を子供とともにつくる。校舎内外の整理、清掃に日々心がけ、どこも程よく綺麗にしておく。

②子供をかわいがり、心が通い合う温もりのある学級をつくる。

　学級は子供にとって心身の居場所であり、自分を赤裸々に出せる所である。それだけに、いじめや無法がまかり通る不安な学級であってはならない。

　特に次のことを徹底し、協力、学び合い、楽しみ合い、友だちも担任も大切な存在であることを実感させる学級にする。

★体罰は犯罪で、絶対に許されない。→体罰に頼らない指導力の向上を。
★いじめ、不登校に鈍感であってはならない。→早期発見、即指導・対応を。
★人権・生命が損なわれることがあってはならない。→以下のことを重点的に。

○いじめをしない、させない、思いやりと正義のある学級をつくる。
○SNS、LINEについて指導し、いじめの温床にならないようにする。
○障害のある子供への理解を深め、UDの発想で対等・公平にかかわれるようにする。
○異なることを互いに認め合える学級にする。
○友だちの話を分かろうと意識して聞き、自分の考えを伝えようと意識して話し、のびのびと会話ができるようにする。
○自発的（自分から）、主体的（自分で）、協働的（みんなで力を合わせて）に活動する前向きな雰囲気の学級にする。
○遊び、スポーツ、ゲーム以外では、なるべく競争原理を持ち込まない。

③温もりのある学級経営、専科経営、保健室・教育相談室運営に努め、次の諸点に配慮し、子供一人一人を育てることを心がける。

○自信をもたせる	★授業の充実
○目標・めあてをもたせる	★生活指導の徹底・学習規律の確立
○夢をもたせる	★その子をまるごと認め、共感する
○自己有用感をもたせる	★努力・工夫したこと、みんなのためにしたこと・役立ったことを認め、ほめる
○思いやりの心をもたせる	
○安心感をもたせる	★夢や目標の実現に努力している姿勢を肯定的に評価する
○善悪の判断力をつける	

④みんなで「きまり」を守る生活指導を徹底する。

　発達段階に即してきまりの意味と必要性を理解させ、守れるようにする。指導の工夫として、子供にきまりをつくらせたり、改正させたり、家庭と協力したりして徹底する。

　特に、「ルール、法律、規則」と「マナー、約束、手順と手続き、心得」の違いを教師自身が心得た上で指導する必要がある。

また、発達段階に即して、「Aやるべきことはする」「Bしてはならないことはしない」「Cした方がよいこともする」「D親切なことができる」「E協力できる」について、低学年はABとC、中学年はABCとD、高学年はABCDとEを繰り返し指導し、随時評価をし、よくできたら認め、褒め、定着させる。

⑤読書活動を充実させる。

　読書は世界を広げ、心の糧となり、豊かな心を育てる。教師自身が率先垂範して読書をし、子供にも奨励する。学校図書館を学習センター（課題解決や協同学習の場）や情報センター（課題発見・解決のための情報収集・評価・選択・整理・分析・活用・作成など）の機能をもつよう工夫する。

　なお、子供の発達段階に応じて、デジタル教科書やデジタル教材の活用、パソコンによる情報検索、ICTの活用、プログラミング教育の指導などを実施する。

（3）子供たち一人一人が生き生きと学習できるようにする

　子供たちの意欲の表れには、次のような特徴がある。

○引きつける→きっかけの意欲（あれ？、おかしいぞ？、おもしろそうだ！）
○熱中させる→のめり込む意欲（分かってきたぞ！、できた！、もっとしたい！）
○続けさせる→発展する意欲（今度は自分でしたい！、○○もしたい！）

　子供は、意欲的に課題に取り組み、それを解決したとき充実感を抱き、さらに次の段階や別の課題に挑戦するようになる。特に、子供は、肯定され、認められていると実感できたとき、自己肯定感を持ち、自信をもってさらに意欲的に活動するようになる。そのため、次の①～⑤に留意する。

①子供一人一人の好奇心や意欲をかき立て、課題を自ら見つけさせ、主体的に解決させ、学ぶ楽しさや達成感を感じさせる授業改善

○「主体的・対話的で深い学び」（≒AL）ができるよう、多様な指導方法や学習方法を工夫・開発し、効果的に活用して、心と頭のアクティブを重視する。
○「おもしろい！」「なぜ？」「分かった！」「できた！」「もっと続けたい！」など心（知的好奇心や学習意欲）の動く授業づくり
○教材・教具・資料の開発・協同作成、収集、有効活用、共有化、システム化
○つまずきなど個に応じた指導を徹底し、基礎的な知識・技能、考え方を確実に定着させる指導方法
○「つまずき」や「分からない」も発想の一つとみなし、それを乗り越えさせたり、創造的な発想につなげたりする支援の手立ての開発
○分かりやすく伝えようと意識して話し、分かろうと意識して聞く態度の育成
○学級の中に温かい、受容的な雰囲気をつくることが大事

②充実した授業を展開するため、十分な計画と準備、原則を踏まえつつ「柔軟な指導・

展開」、認め励ます「評価と支援」を実践する。

- ○校長の学校経営案を踏まえた教頭の学校運営案、教職員の学年経営案、学級経営案、各教科等経営案、保健室・教育相談室運営案、事務・主事室執務方針の作成
- ○学校の道徳教育や学校体育、生活指導などの全体計画や、各教科、道徳科、外国語活動、総合的な学習の時間、特別活動等の指導計画・評価計画、実施計画の作成
- ○週案でPDCA（計画、実施、確認・評価、改善・工夫）の実行
- ○諸活動の実施計画の作成と共通理解に基づく実施

③子供が学習に主体的に取り組めるようにする。

そのため、教師自ら教育の在り方、学級経営、指導内容や方法などに関する教育情報や社会の動向に敏感になり、研究・研修を進める。

④子供のもつ個性・能力、よさや可能性を発揮できるようにする。

- ○「指導と評価と支援の一体化」を実践し、個に応じた指導をきめ細かく行う。
- ○子供の発想や考え方、仕方を肯定的に評価する。
- ○子供の行動や思考を複数の物差しで、柔軟に、弾力的に、共感的に、肯定的に受け止め、評価する。
- ○各種作品展への応募、大会参加の奨励など個性発揮の機会を与える。
- ○1C1T、TT方式、少人数指導、習熟度別指導、合同・交換授業、教科担任制、外部協力者参加授業、地域の人的・物的資源の活用など指導体制を工夫する。
- ○個人学習、ペア学習、グループ学習、プロジェクト学習、全体での学習など、内容や学習活動などに応じた学習形態を工夫する。
- ○評価基準を活用し、学力定着や学び方等の進歩状況を捉え、改善・工夫に役立てる。

⑤「子供一人一人が生きる」指導（学習活動）の基盤として、次の事柄を徹底する。

- ○教室で「おはよう」で迎え、「安心感・安定感」のある1日を送らせ、「さよなら、またあした」で送り出す。
- ○毎朝、フルネームで、その子の目を見つめながら出席をとり、健康や心理状況などを見取る。
- ○受容、共感、肯定、承認、合理的な配慮など子供との温かい触れ合いや教育相談的な関わり（カウンセリング・マインド）によって、心を安定させ自立を促していく。
- ○連絡帳、学習活動の状況、遊びなどにおける友だち・人間関係の観察を、きめ細かく行い、いじめや悩みなどの兆候やわずかのサイン、きらりと光るものを鋭敏に捉え、適切に対応する。
- ○生活の習慣やきまり、学習ルール・学習習慣を家庭と連携して徹底する。
- ○「困った子」ではなく「困っている子」の困っていることに目を向ける。

（4）子供一人一人が学校生活や学習を生き生きと送ることができるようにする

①「支援（子供の願いや発想、行動を肯定的に〔支〕持し、なるべくその方向で実現するように〔援〕助する）」と「3かけ」を励行する。

> ★目をかける　→温かいまなざし、いつも見守っているよ
> ★声をかける　→「頑張ったね」「役立っているよ」などと、認め励ます言葉かけを
> ★手間をかける→できるまで粘り強く支援し、自信をもたせる

②温かい心（肯定的な評価）を中心に、少しの厳しさ（注文をつける）も加味して、意欲を高め自覚を促す。

> ★〈子供をほめる3視点〉
> ①一生懸命取り組み努力する（態度、過程、努力に）
> ②人や社会のために尽くす（親切、協力、共助、ボランティアに）
> ③よい考えを出しそれを実行する（提案、改善、実行に）
> ★〈子供を叱る3視点〉
> ①生命を損なう言動（危険な遊び、暴力、飲酒・喫煙・薬物、動植物虐待など）
> ②人権の侵害の言動（差別、いじめ、意地悪、身体状況などの悪口など）
> ③他人に迷惑な言動（迷惑、故意の破損、意地悪、きまり無視、授業妨害など）

（5）環境教育・ボランティア活動を具体的に進める

> ○物を大切にする。特に、公共物を大事にする。
> ○環境・自然・動植物を大切にする心と実行力を育てる。環境の意味と大切さ、人間の役割と責任を理解させる。資源節約、省エネと3R（＝リデュース＋リユース＋リサイクル）、賢い消費者、環境・自然愛護などESDを進める。
> ○ボランティア活動などへの参加を奨励するとともに、福祉教育を進める。

（6）子供の生命・安全・健康を第一に、気配りと危機管理を徹底する

> ①子供の生命・安全の確保を、全てに優先させる。
> ②1日の出発は、出席簿を手にして、フルネームで呼名し、顔色と表情を診て、健康と心の観察から始める。
> ③表情、つぶやき、しぐさ、友達との関りの様子を観察し、「あれ！」「何か変だ？」という兆しを捉え、即対応する。
> ④担任、養護教諭、専科教師、専門スタッフ、職員などとの報・連・相によって、子供を複眼で見守り、指導・対応する。「それはあなたの仕事」「責任はそちら」「私は聞いていない」などをなくし、チーム学校として組織的に連携・協力する。
> ⑤保護者への説明、連絡、協力、保護者からの相談ごとへ丁寧に対応する。
> ⑥校医、教育相談や関係機関など専門スタッフからの指導・助言を進んで受ける。

（7）健康増進・体力向上のため、健康への関心を高め、運動を奨励する

○食事や健康に関心をもたせ、家庭と協力して好ましい食習慣を定着する。
○「早起き・朝ご飯・早寝」を奨励する。（早寝・早起き・朝ご飯ではない）
○外遊び、群れ遊びを奨励し、実態に応じた遊びの指導をする。
○遊具、運動用具などの正しい使い方を指導するとともに、安全点検と整備を徹底と、瑕疵による事故を防止する。
○地域行事や各種活動などを紹介し、参加を奨励する。

（8）地域に根ざした教育を進める

　社会に開かれた教育課程を編成し、その実現を目指し、学校の主体性を根幹としつつ、保護者や地域に開き、学校の教育目標を共有し、協働して実践できるようにする。
　その際、次の諸点を配慮し、「地域の人的・物的資源を活用した教育活動」を推進する。（関連：51頁の表 - 9、52頁の表 -10）

◎地域で学ぶ（地域は教室）→校外学習の展開、地域環境・施設等の活用
◎地域を学ぶ（地域は教材）→地域の教材化、地域の伝統・文化
◎地域の人から学ぶ（地域は先生）→地域の人的資源を活用した授業
○地域と学ぶ→地域活動・行事等への参加、協力
○地域から学ぶ→外部評価、学校運営協議会との連携、保護者・地域の意見・提案
○地域とともに歩む→地域住民・町会、青少対、コミュニティ委員会等との連携

（9）グローバル化を意識し、国際理解教育を進める

○自分の力を友だちのため、人のため、社会のため、世界の子供のために役立てる。
○積極的に誰とでも関わろうとする子供を育てる。
○異なるものの同時存在が当たり前であることを理解させる。そして、互いに認め合い、助け合い、楽しみ合い、高め合えるよう促していく。
○自分の考えや感じたことを相手に伝えようと意識して話す、相手の話を理解しようと意識して聞けるようにする。さらに、相手の話を受けて、質問や提案、意見等「受けて返す力」を育むようにする。
○教育活動全体を通して、日本や諸外国の文化・伝統を理解させ、尊重できるようにする。また、その継続とさらなる創造への意欲を喚起する。
○ESD，JRC，ユニセフ活動、アルミ缶や使用済み切手収集など、国内のみならず国際的な自然保護・環境保護活動やボランティア活動への参加を奨励する。
○外国人、諸外国との交流体験を通して、世界に関心をもたせる。
○外国の言葉や文化に関心をもたせ、外国語活動・英語科を充実させ、「おもてなし」の心を育て、友好的でものおじしない積極的な態度を育てる。

(10) 情報教育を具体的に進める

○情報収集・整理・選択・評価、活用、創造、発信など情報活用能力を育てる。
○コンピュータやスマホ、LINE などの情報モラルやマナーの指導を徹底する。
○ICT を活用するとともに、対面（face to face）によるコミュニケーションができるようにもする。
○ICT を授業や校務処理に活用する。
○プログラミング教育の進め方ををチーム学校として研究し、効果的に指導する。

(11) キャリア教育を進める

○自己を見つめさせる学習機会を設け、将来の夢や目標、したいことを語らせ、「なりたい自分」を意識させる。
○夢や目標を実現するために、学習や様々な体験などが必要なことを理解させて「なれる自分づくり」を意識させ、前向きに考え、学び、行動させる。
○キャリア教育（含む進路指導）の指導計画を作成し、発達段階に応じ、小・中一貫指導を充実する。

5 校内研究の日常化と「子供が確実に育つ」教育活動の展開

校内研究を実質的に進め、その中で学んだことを日常化する。その際、自校の子供の実態に応じたものとし、以下の①～⑤を重視する。

①新小学校学習指導要領が目ざす教育を実現する。
　教育基本法や学校教育法、小学校学習指導要領の趣旨を踏まえ「知育、徳育、体育」の調和的な育成を目ざす。
　その際、各教科等を通じて「見方・考え方」や「思考力、判断力、表現力等」の育成を重視し、必要とされる資質・能力（3つの柱）は当然として、文科省学力調査B問題やPISA読解力、キーコンピテンシーなどにも対応できる能力を育成する。
②「N小2020教育プラン」を実施し、定着させる。
　教職員や高学年児童、保護者や地域などの協力を得て改訂した教育目標を具体化し、実現する。道徳教育、体育、総合的な学習の時間などの全体計画、各教科等の年間指導計画・評価計画や実施計画を作成し、実施し、評価し、改善する。
③週時程（時間割）を工夫・改善し、指導内容に応じた授業時数を確保する。
④各教科等の授業を充実させ、質の高い学力、豊かな心、健やかな体を育成する。
　週案によるPDCAや授業研究を活用し、質の高い授業を実施する。評価基準を活用して、「指導と評価と支援の一体化」を日常化する。特に、評価の仕方を改善し、1単位時間（一区切り）の授業の中の「指導と評価と支援」を充実する。
⑤生活指導や学級経営を充実させ、教育活動の前提条件や基盤を整える。

> 一貫した内容と方法の生活指導を実施し、学校生活を安定、安心したものにする。また、1～6学年までの発達段階に即して、一貫した生活規律を確立し、好ましい人間関係づくりを進め、思いやり・仲良し・協力・親切のある学級・学年・学校にする。

6 子供の願いと保護者の期待に応える学校

　教育活動の成否は教職員の力量・実践に負うところが大きい。教職員の構えが子供の進歩を促すという考えに立ち、信頼と互助の気持ちで励み合い、持ち味や専門性（得意技）、自主性や創造性を発揮し、協働し、磨き合って教育活動を充実する。これは教職員にとっての自己実現でもある。

①学級は、子供にとって心身の居場所である。担任と子供の温かい信頼関係を確立し、それを土台として子供同士の人間関係をつくる。その際、よい点や頑張り、進歩を認め、励まし、期待する共感的・肯定的評価を原則とする。

②学年会・教科部会等を機能させ、役割分担を適切に行い、協働して、ねらいを明確化し、十分準備をし、ゆとりをもって子供の前に立ち、考え・分かる授業、子供が「主体的・対話的で深く学ぶ（≒AL）」ことを重視した授業を展開する。

③校務分掌は、全教育活動の基盤である。役割を自覚し、責任をもって、自発的・主体的、合理的、協働的に遂行し、働き方改革（多忙な状況の改善）も目指す。

④学校は、教育目標を実現するための組織体である。校務分掌それぞれの組織が機能を果たすとともに、分掌相互に「報告・連絡・相談・記録」できれば「大根・小豆」を励行し、相乗的効果に努める。

⑤一般論を超えて、教育実践を具体的に進める。
　カリキュラム・マネジメントを意識し、教育課程のPDCA、指導計画・評価計画や実施計画のPDCA、週案を活用した授業や生活指導のPDCAを日常化する。
　常に子供の側に立ち、子供に寄り添った教育活動を心がけ、保護者の「我が子を思う気持ちや願い」、地域の「実情や期待」から目をそらさないようにする。保護者は「我が子にとってよい学校」でなければ、「よい学校」とは言わない。

⑥学校（教師）、子供、保護者や地域、社会や国際情勢のさまざまな変化を踏まえ、不易（基本はぶれない）と流行（新しい状況を十分に検討し、変化させ、柔軟に対応する）を見極め、教師の授業の在り方の確立、子供の学習の在り方の転換、育成すべき資質・能力の見極めなどに配慮する。

⑦保護者・PTA、地域・関係諸機関、旧職員、卒業生・同窓会等との関りを大事にし、開かれた学校づくりを進める。

⑧常に、和と調整（レギュラシオン）の気持ちをもち、前向きな学校づくりに努める。

チーム学校として協働して職務を遂行するとともに、教職員個人の生き方も充実するような働き方を工夫する。

7 学校経営に当たる校長の姿勢

　校長は、学校経営（＝学校運営＋教育活動）の最終責任者であることを強く自覚して、「全ての事柄の過程及び結果に対する責任は校長に帰する」ことを肝に銘じて、誠実に、全力を投入する。

　子供たちには「愛情」を、教職員には「信頼と感謝の念」を持ち続け、共に歩んでいきたい。また、保護者・PTA・地域には、共に子供たちのよりよい成長と幸せを願い実現していく立場から、理解・協力・支援をいただきながら、地域の学校として信頼が得られるよう努める。

　そこで、開かれた学校づくりの第一歩として、「事前の相談、大事なことの連絡・公表、教育活動の公開、過程と結果の報告、評価の実施と結果及び改善策の公表、経過の記録」等を進めていく。このことは、校長・教頭をはじめ全教職員が自覚し、意識的に続けていくよう努める。

注１：東京都東村山市立化成小学校（平成６～７年度）及び東京都台東区立根岸小学校（平成10～14年度）の学校経営案と、中教審答申（平成28年12月21日）、小学校学習指導要領（平成29年３月31日告示）、同解説総則編（平成29年６月）、現時点における社会や世界の状況などを踏まえつつ、新しい教育の実現を目指してアレンジしたものである。

注２：この学校経営案例は、あくまでも筆者の体験を基にして作成したもので、冗長の感を拭い切れない。したがって、これをクリティカル・シンキング（批判的思考）して、読者の考えで自分流に作成することを、むしろ期待している。

　　　また、教育委員会によっては、学校経営案の「様式と内容」が示されている場合もあるので、その際はあくまでもこの案の「発想の仕方」に限定して活用されたい。

（以上、2020年度Ｔ区立Ｎ小学校学校経営案）

3 学校経営案を具体化するための「隠し味」

　校長は学校経営案に基づいて、学校の教育目標を実現するために「チーム学校の向かうべき道筋」を示し、「教職員を協働」させて推し進めなくてはならない。リーダーの任務には、「集団をまとめる、集団を動かす、メンバーを育てる」の3つがあるといわれている（元筑波大学教授・國分康孝）。

（1）リーダーの条件

　そこで、リーダーの要件（中身）を突き詰めてみる必要がある。尊敬する3人の識者の考え方を紹介する。これらを手がかりにして「自分流のリーダーシップ」の構築に生かしてほしい。

★鎌田勝（元綜合経営教育研究所長）

　リーダーシップの第一歩は「傾聴」である。

> ○傾聴する（Listen）：十分に聴き安心感を与え、情報を集め、状況を把握する
> ○説明する（Explain）：説明責任を果たし、理解を得て、ことを進める
> ○援助する（Assist）：援助を惜しまず、育てながら仕事をさせる
> ○話し合う（Discuss）：立ち話、報連相、情報交換、討論・議論をして、練り上げる
> ○評価する（Evaluate）：「○、△、不十分」「良い点、努力、工夫、進歩、課題・問題点、不足、新しいことの必要性」等を評価し、次の段階への手掛かりを与える
> ○回答する（Response）：教育委員会、教職員、保護者・地域などからの質問や疑問、提案、クレームなどについて、根拠と責任のある「正確、明確、簡潔、平易」な回答をし、必要な対策を講じて、誠実に対処していく

★奥田眞丈（前一般財団法人教育調査研究所長、元東京都立教育研究所長）

　リーダーは、「最終責任」をとる。

> ○聴く（Listen）：意見などをよく聴き
> ○評価する（Evaluation）：それぞれの意見などについて吟味し、検討し、評価し、
> ○判断する（Appreciate）：正しい評価に基づいて、どうするか判断し、
> ○決定する（Decide）：目標や方針、方策などを決定し、
> ○指導する（Educate）：決定した事柄が実行できるよう教職員を指導・養成し、
> ○責任をとる（Responsibility）：実行し、その過程及び結果について責任をとる

★篠田雄次郎（『人を動かすためのリーダーの6つの条件』日本放送出版協会）

　「人を動かす」リーダーには、6つの条件がある。

> | ○人を動かす力がある | ○人を活かせる | ○人に任せられる |
> | --- | --- | --- |
> | ○叱る・ほめることができる | ○決断力がある | ○独創ができる |

(2)「報・連・相」を超える

　諸先輩から「報・連・相」の励行を繰り返し指導されてきた。その後、ある本を読み、従来の「報・連・相」を超えるものとして「記、報・連・相」、「大根・小豆」、逆「報・連・相」を学び、実行するようになった。（注：1982～1983「山種証券レジタブルシリーズ」を一部変えて引用）

> ○**ホウ**（報告）：重要なこと、経過、見通し、進捗状況、結果などは上司や関係者に報告し、学校としての意思決定や協働ができるようにする。
>
> ○**レン**（連絡）：報告するほど煮詰まっていない段階でも、重要なこと、経過、見通し、現段階の状況などを上司や関係者に連絡し、学校としての意思決定、調整、協働ができるようにする。
>
> ○**ソウ**（相談）：困ったこと、解決や対応が難しいこと、見通しの立たないこと、紛糾しそうなこと、悩みごと、念のため確認しておきたいこと等は、上司や信頼のおける同僚・関係者に相談する。具体的な対処の仕方等について指導・支援するヒントが得られ、孤立せず、組織としての対応ができるようになる。

> ☆**キ**（記録）：「主題、概要、時系列の経過、関係者の意見、因果関係、その時の結末（結論）」等の記録がなく、後に紛糾することがある。事故・事件、要求・要望・意見、トラブル・クレーム、体罰、諸会議、特に保護者や地域との話し合いなどは記録し、関係者で確認を取っておくことが重要である。再燃したとき「確かこうだった…」と、曖昧な記憶に頼るようでは、相手に押し切られてしまう。
>
> ☆**ダイ**（大胆）：新しいことに取り組む場合は、情報を集め分析・考察し、「考え方・方針・方策」について複数の案を作成して、組織的に検討し、その中で最良の案を選択し「大胆」に取り組むことである。
> 　初めて行うことは理想通りに進まないことが多い。停滞や失敗が生じたら、その都度「失敗の要因を探り、情報を集め分析・考察し、複数の案を作成して、組織的に検討し、その中で最良の案を選択し「大胆」に取り組む」ことである。常に、前向きに取り組んでいけば道は開ける。
>
> ☆**コン**（根気）：新しいことや困難なことの取組には、停滞や失敗はつきものである。しかし、諦めては、何も生まれない。失敗や停滞の要因を特定し、それを「根気よく」1つずつ解きほぐしていくことである。「継続は力なり」と言われるが、「根気は解決を引き寄せる」も経験則に基づく真理である。
>
> ☆**アズキ**（小豆）：新しいことの推進や困難な課題の解決には、なぜか反対者、非協力者、足を引っ張る者が生ずる。「ブルータス、お前もか！」と驚くことさえある。こまめ（小豆）に対面し、「なぜ反対するのか？」「何が協力を躊躇させているのか？」

> 「妨害する行為の奥にあるものは何か?」をさりげなく聞き出し、それを取り除くことを積み重ねることである。大切なのは「人に心あり」で、それ(琴線)に優しく触れることである。ことを始める前の根回しの段階の手抜きがことをこじらせている場合もある。「始める前」「その都度」「一段落したら」「実施の段階」でのアズキ「こまめ(根回し)」が重要である。

> ★最近(2018年7月)、Twitterで、若い社員(若手教師)の育て方として、上司(管理職)と部下(教職員)あるいは同僚間の「報・連・相」を推奨しているのに関連して、さらに「ホウレンソウのおひたし」を提案しているものがあった。
> ホウレンソウは「報・連・相」、「おひたし」は「怒らない」「否定しない」「(困ったことや悩みに、まずサポートしてから)助ける」「指示する(がんばれと言うだけではだめ、具体的にこうしたらと指示・提案する)」というものである。なるほどと思った。

> ★逆「報・連・相」:一般的に「報・連・相」は、教職員から校長や副校長・教頭に対して行うものとされている。
> しかし、「逆も真なり」ということもある。ミドルリーダーや教職員に、校長や教頭から逆に「報・連・想」をすることも効果的である。貴重な情報(報告・連絡もどき)が得られる快感、頼られること(相談)による自己有用感は、教職員の学校運営などに対する参画・参加意欲を喚起する。

(3) 2段階上の発想

　自分の立ち位置を俯瞰することが重要である。また、校長として、「自分には、何を期待されているのか」を確認する必要もある。校長は、教育長が「校長である自分にどう動いてほしいのか? 学校をどう変えることを期待しているのか?」と、教頭は教育委員会の指導課長が「自分に何を求めているのか? 学校をどうしてほしいと考えているのか?」と、2段階上に立って発想し、企画し、チーム学校を動かし、実現していくことが肝要である。

　また、ミドルリーダに対しても、2段階上(自分の上に位置する人のその上の人)の立場に立って、自分の校務分掌、学級経営や教科指導などを俯瞰し、見つめ直してみることを折に触れて指導したい。必ずや好ましい変化が見えてくるはずである。

(4) 5つの鍵

　学校は、子供(子供が主役)と大人(教職員、保護者、地域住民、関係諸機関・団体)の共同体とみなすことができる。

　そこにはいくつかの大切にしたい原則があるように思われる。校長の視点からは次頁のようになる。多少読み替えると教頭、ミドルリーダー、教職員の立場についてもそのまま通用すると考えられる。

★子供には【愛情】 学校の役割と責任は、「子供に質の高い教育を保障すること」である。それを実現するためには、子供に愛情を持ち、「子供のためになっているか?」を判断基準にして、教育活動を誠実に進めることである。
○教職員には【感謝】 どのように優れた校長でも、教職員の「子供の教育や校務分掌」の全てやり切ることは不可能である。 したがって、多少不十分であっても、感謝の念を忘れてはならない。教職員の仕事の精度をあげるために、よい点を見つけ、認め、褒め、やる気を喚起することが重要である。その上で、さらによくなるよう少しの注文を付け指導することである。
○上司には【尊敬】 組織に属していれば誰にも上司がいる。自分の上司を尊敬することは仕事の上でも、人生・生き方の上でも、気持ちの上でも大切である。 「とてもそのような気にならない!」ということもあるかもしれない。でも見えないだけで、きっとあるに違いない。仮に「いや、全くない!」と言い切る人の場合でも、「反面教師」というすばらしい存在なのである。
○保護者・地域住民には【寛容】 クレーマー、モンスターペアレントなどと、決めつけて敵対視する発想は捨てたい。「寛容であれ!」。なぜなら「我が子の…」「おらが町の学校…」と考えて、苦情や要望を持ち込んでくるのである。丁寧に聞き尽し、一緒に悩み、考えていくようにしたい。そして、「これは…」というものがあれば取り上げ、改善し、学校便りやHPなどで「このような建設的なご意見を頂きました。早速…して、…のように改善しました。ありがとうございました」ということになったら、徐々に好転していくに違いない。難しいことが多くあるのは、私たちが現代史の最先端にいるので当然と考え、功を焦らず、誠実に向き合っていきたいものである。
○専門家には【畏敬】 地域には、関係諸機関・団体、企業をはじめ専門家が沢山いる。地域の人的資源(地域の人々の様々な知見や能力、技能など)を「尊敬・畏敬の念」をもって活用する(協力していただく)ことを奨励したい。そして、学校の管理職や教職員の体験や知見をはるかに超えた「優れた専門性」に、積極的に学ぶようにしたい。

第3章

新学習指導要領を実現する カリキュラム・マネジメント

新学習指導要領における教育課程では、子供たちに育むべき資質・能力と目標及び指導内容の実現は当然として、さらに「社会に開かれた教育課程」の編成及び「カリキュラム・マネジメント」を各学校に求めている。

　なお、カリキュラム・マネジメントをチーム学校として進める際には、「中央教育審議会答申（平成28年12月）」や「小学校（中学校、特別支援学校）学習指導要領（平成29年3月告示）」、「同解説○○編」（平成29年6月）、加えて月刊誌「初等教育資料（文部科学省編集）」&「中等教育資料（文部科学省編集）」、「プリンシパル」、「教育展望」等を参考にして、確かな根拠をもって進めることが肝要である。

1　チーム学校としての指導体制の確立

　日本の教員は、子供の学習指導に加えて生徒指導、校務分掌等に精励し、大きな成果を上げ、国際的にも高い評価を受けている。しかし、多忙ゆえに、「子供と向き合う時間の確保」という課題が指摘されている。

　現在、教員は、学習指導や生徒指導、保護者の対応等で、複雑化・多様化した課題を抱え、教員だけではその指導・対応に困難をきたしている。というより、肝心の子供の教育の充実、それを支える教材研究や準備などに時間を取ることが困難になるなど本末転倒の現象が生じている。それ故に、肝心の「子供と向き合う時間」をいかに確保するかが大きな問題になっているのである。

　そこで取り入れられたのが、教員が「子供と向き合う時間」すなわち授業とその準備に専念できるよう教員以外の専門スタッフとの協働体制の構築と実施である。

　具体的には、教員、少人数指導教員、習熟度別指導教員、専門スタッフ（学習指導支援員、教育相談職員、介助員）、事務職員、用務職員などが、それぞれ専門性を発揮して子供の教育の充実、教育環境の整備、生徒指導の充実、学校事務の円滑な実施などを「チーム学校」として進められるようにしていくことである。

　また、専門機関との協力・連携によるスクールカウンセラー（SC）やスクールソーシャルワーカー（SSW）など心理や福祉の専門スタッフ、病院の医師、警察署の少年係、市の児童委員など、学校外からの専門的指導や支援を得ることも必要である。

　現在の学校は、教員や専門スタッフとの連携による教育活動の展開、とりわけ学習指導の充実、生徒指導の充実、いじめや不登校への対応、特別支援教育の充実などに、「チーム学校」としての体制整備と実施が求められているのである。

　その際、「教員だけで何とかしよう」という旧来の意識を払拭し、学校の体制そのものを専門スタッフ等との協働体制に変革する必要がある。今や「チーム学校」の必要性と適切な運営を理解した校長のリーダーシップの下で、教員と専門スタッフの共通理解、連携・協働が不可欠なのである。

2 「社会に開かれた教育課程」と「カリキュラム・マネジメント」

　教育課程とは、「学校教育の目的や目標を達成するために、児童生徒一人一人が、自分のよさや可能性を認識するとともに、あらゆる他者を価値ある存在として尊重し、多様な人々と協働しながら様々な社会的変化を乗り越え、豊かな可能性を切り開き、持続可能な社会の創り手になることができるように、教育の内容を子どもの心身の発達に応じ、授業時数との関連において総合的に組織的かつ計画的に組み立てた学校の教育計画（総則）」である。

　これは、編成主体である学校側に、教育課程を編成し、実施し、評価し、改善していく「カリキュラム・マネジメント」（≒教育課程のPDCAサイクル）を期待していることに他ならない。

（1）社会に開かれた教育課程

　よりよい学校教育を通して、よりよい社会を創るという理念を学校と社会とが共有し、各学校が「必要な学習内容をどう学ばせ、どのような資質・能力を身に付けるか」を明確にし、社会との連携・協働により実現していくことが重要である。

　そこで、具体的には、「①学校運営協議会、学校評議員会、学校だよりやHP、保護者会・PTA等を通して教育目標や教育課程の編成方針を知らせ、意見聴取をし、反映させる、②児童生徒にどのような資質・能力の育成を目指しているか知らせる、③様々な教育活動を公開する、④アンケート等により随時①②③についての成果や課題、提案を聞き取り、より良く改善していく」ことが考えられる。

（2）「社会に開かれた教育課程」と「カリキュラム・マネジメント」

　そこで、子供たちが、現在を充実して過ごし、予測が難しいこれからの時代を逞しく創造的に生き抜くことができるようにするために必要な資質・能力とは何かを明確にし、学校と社会で共有し、学校教育が目指している根幹は維持しつつ、社会や世界の変化を意識し適切かつ柔軟に受け止めていく「社会に開かれた教育課程」の発想が提起されたのである。

　そして、各学校が教育課程を編成し、保護者・地域住民と連携・協働して実施し、評価し、改善していくカリキュラム・マネジメントが重要になってくる。

　この「社会に開かれた教育課程」と「カリキュラム・マネジメント」の関係を整理すると、次頁の表（中教審答申2017年12月より構成）のようになり、考えやすくなる。表の中の★印は、「社会に開かれた教育課程」の3重点①〜③と、「カリキュラム・マネジメント」の3側面❶〜❸を要約したものである。

　なお、③及び❸の地域の人的・物的資源の活用については、50頁の図及び51頁の表−9と52頁の表−10「地域の人的資源を活用した授業」で詳細を示す。

「社会に開かれた教育課程」と「カリキュラム・マネジメント」の関係

社会に開かれた教育課程の3重点	カリキュラム・マネジメントの3側面
①社会や世界の状況を幅広く視野に入れ、よりよい社会を創るという目標を持ち、教育課程を介して目標を社会と共有する。 ★目標を学校と社会が共有	❶各教科等の教育内容を相互の関係で捉え、学校の教育目標を踏まえた教科横断的な視点で、その目標の達成に必要な教育の内容を組織的に配列する。 ★目標達成に必要な内容の組織的配列
②これからの社会を創りだしていく子供たちが、社会や世界と向き合い関わり合い、自らの人生を切り拓いていくために求められる資質・能力とは何かを、教育課程において明確化し育んでいく。 ★求められる資質・能力の明確化（「知識・技能」、「思考力・判断力・表現力等」、「学びに向かう力・人間性等」）	❷教育内容の質の向上に向けて、子供たちの姿や地域の現状等に関する調査や各種データ等に基づき、教育課程を編成し、実施し、評価して改善を図る一連のPDCAサイクルを確立する。 ★教育課程のPDCAサイクルの確立
③教育課程の実施に当たって、地域の人的・物的資源を活用したり、放課後や土曜日等を活用した社会教育との連携を図ったりし、学校教育を学校内にに閉じ込めず、その目指すところを社会と共有・連携しながら実現させる。 ★地域の教育資源の活用、社会教育との連携、開かれた学校教育	❸教育内容と教育活動に必要な人的・物的資源等を、地域等の外部の資源も含めて活用しながら効果的に組み合わせる。 ★地域の教育資源の活用

3　チーム学校としての教育課程の編成

　教務主任が教育課程の素案を作成し、それを校長や教頭が吟味し、教育課程の編成として、教育委員会へ届け出る。しかる後、周知するという形式になっていることが少なくない。そこで、この形骸化したセレモニーを改め、全教員で分担して教育課程を編成し、まさに「チーム学校」の教育課程にしたいと考える。

　そこで、経験や力量に応じて、全員で分担し、ミドルリーダーの活躍しやすいよう指導・指示・支援をし、「教育課程届」、「全体計画」、「指導計画・評価計画」、「教育課題への対応」、「実施計画」などの作成に「全員の参画・参加」を実行する。

　具体的には、新学習指導要領を基に構想して、例えば次頁の表のような役割分担

（★は主たる担当者）と、下表③の1～6の手順で、教育課程を編成する。全員で分担して進めるが、忙しさが増すことのないよう配慮することが求められる。

①　校長・教頭が、教務主任に指導・指示して、教育課程の編成についての「役割分担」を行い、全教員に「誰が何を、いつまでにするか」を理解させる。　★教務主任
②　教育課程に関する学校評価の結果を印刷し、全教員に配布する。　★教務部
③　分担は教育委員会の「教育課程届の様式及び内容」に照らし、次のようにする。 1　学校の教育目標及び重点目標　　　　　★校長・教頭、教務主任 2　学校の教育目標を達成するための基本方針　★校長・教頭、教務主任 3　指導の重点1　　　　　　　　　　　　★各教科等の主任及び部員 　・各教科　　・道徳科　　・外国語活動（注：小学校3・4学年新設） 　・外国語科（注：小学校5・6学年新設）　・特別活動　　・総合的な学習の時間 4　指導の重点2（教育委員会が指定する内容による）　★各主任及び部員 　・生徒指導　　・キャリア教育（進路指導）・プログラミング教育 　・いじめの指導・対応 　・ESD（Education for Sustainable Development　持続可能な開発のための教育） 　・UD（Universal Design　全ての人が利用できるためのデザイン） 5　学年別授業日数及び授業時数の配当　　　★教務主任及び教務部 （1）年間授業日数配当表 　学年別・月別配当表（表略）、特別なことがあれば備考欄に記入する。 （2）各教科等の年間授業時数配当表 　各教科等別の学年別授業時数（表略）、1単位時間や短時間活用など特別なことがあれば備考欄に記入する。 6　年間学校行事　　　　　　　　　　　　★教頭、教務主任等各主任、学年主任 　月別の学校行事（日、曜日、学年、行事名）を記入（表略）
④　教育課程の原案をまとめ、運営委員会で検討し、案を作成し、校長の決裁を経て教育委員会に提出する。教職員にも周知する。　★教務主任及び教務部

さらに、次のような全体計画、指導計画についても分担して全員で作成する。

⑤　全体計画（★各主任及び部員）を作成し、運営委員会で検討し、案を作成し、校長の決裁を得る。教職員にも周知する。
⑥　年間指導計画（★各教科等主任及び部員）を作成し、運営委員会で検討し、案を作成し、校長の決裁を得る。教職員にも周知する。
⑦　生徒指導やキャリア教育などの実施計画（★各主任及び部員）を作成し、運営委員会で検討し、案を作成し、校長の決裁を得る。教職員にも周知する。

これら④⑤⑥⑦を分担して印刷し、1冊にまとめる。

⑧ ④⑤⑥⑦を印刷し、「教育プラン」として冊子にし、全教職員で所持し、活用する。

なお、上記の他に、共通理解しておきたい事柄（校長の学校経営案、教頭の学校運営案、学年・学級経営案など、諸会議の資料作成や進行の大要、入学式・卒業式の内容及び進行、始業式・終業式・修了式の内容及び進行、保護者会の持ち方と準備、家庭訪問や個人面談の内容と進め方及び留意事項、その他主な行事の内容及び実施要項など、主要な事柄についてのマニュアル等々）を「教育プラン」として1冊に収録し、全教職員が共有していると便利である。

4 移行措置の実施

校長・教頭はリーダーシップを発揮して、教務主任や各種主任を中心に、新学習指導要領に関する研修を計画的に進める。

新学習指導要領の「周知徹底→移行措置→全面実施」を「見える化」して、チーム学校として協働して円滑に進め、児童生徒に「質の高い教育」を保障することが重要である。

(1) 移行期間中の教育課程

移行期間中の教育課程の編成、指導計画・評価計画の作成、その実施に当たっては、次のようなことに留意し、全教職員で共通理解し、協働して対応する。

【小学校】各教科等の学習指導上の留意事項

各教科等の指導に当たっては、上記1～3により新指導要領を踏まえた指導に十分配慮するとともに、特に次の事項に留意する。

（1）小学校特例告示により追加または省略する内容（学年間で移行した内容を含む）に十分留意して指導計画を作成する。特に、移行期間中に追加して指導すべき新指導要領の内容については、新指導要領の規定により、適切な指導が行われるようにする。

（2）移行期間中に新指導要領によることができる教科は、実際に新指導要領による場合には、その内容に応じて適切な教材を用いるとともに、所用の授業時数を確保して行われるようにする。

（3）移行期間中に新指導要領によることができるとされていない事項（第1章第3の1（3）イに規定されている事項を含む）及び教科についても、新指導要領の内容を取り入れて指導を行うことができる。

（4）現行指導要領及び新指導要領において目標及び内容を2学年まとめて示している教科は、特に、平成31年度の指導に当たっては翌年度を見通した適切な指導計画を作

成して指導し、平成32年度の指導に当たっては、前年度における指導内容を踏まえて適切な指導計画を作成して指導する必要があることに十分に留意し、新指導要領に円滑に移行できるようにする。

（5）算数は、移行期間中に指導すべき新指導要領の内容に係る補助教材の配布を予定しているので、教科書に加えて当該補助教材を適切に使用して指導を行う。

（6）外国語活動は、移行期間中に指導すべき現行指導要領及び新指導要領の内容に係る補助教材の配布を衛星29年度中に予定しているので、当該補助教材を適切に使用するなどして指導を行う。また、各学校の状況に応じて計画的に準備を進め、平成32年度からの実施に円滑に移行できるようにする。なお、文部科学省では、小学校等の外国語教育の充実に当たっては、上記補助教材の配布に加え、教員の養成・採用・研修の一体的な改善、専科指導の充実、外部人材の活用などの条件整備を行い支援すること。

【中学校】各教科等の学習指導上の留意事項

各教科等の指導に当たっては、上記1～3により新指導要領を踏まえた指導に十分配慮するとともに、特に次の事項に留意する。

（1）中学校特例告示により追加または省略する内容（学年間で移行した内容を含む）に十分留意して指導計画を作成する。特に、移行期間中に追加して指導すべき新指導要領の内容については、新指導要領の規定により、適切な指導が行われるようにする。

（2）移行期間中に新指導要領でできる教科は、実際に新指導要領による場合はその内容に応じて適切な教材を用いて、所要の授業時数を確保して行われるようにする。

（3）移行期間中に新指導要領によることができるとされていない教科についても、新指導要領の規定の内容を取り入れて指導を行うことはできる。

（4）現行指導要領及び新指導要領において目標及び内容を2学年又は3学年まとめて示している教科は、特に、平成32年度の指導に当たっては翌年度を見通した適切な指導計画を作成して指導し、平成33年度の指導に当たっては、前年度における指導内容を踏まえて適切な指導計画を作成して指導する必要があることに十分に留意し、新指導要領に円滑に移行できるようにする。

（5）数学及び理科は、移行期間中に指導すべき新指導要領の内容に係る補助教材の配布をするので、教科書に加えて当該補助教材を適切に使用して指導を行うこと。

（2）移行措置の実施

移行措置の実施については、文科省の通知及び配布教材、各教育委員会の通知や指導資料などに基づいて、次の諸事項に配慮して実施する。

★各教科等について確認し、学習内容に欠落が生じないように、確実に実施する。

★しなくてもよいことを実施して、児童生徒に余分な負担をかけないようにする。
★移行措置の実施後の「新学習指導要領の完全実施」を見通して行う。

(3) 移行措置の実施状況のチェックリスト

移行措置の進捗状況を、例えば下表のようなチェックリストで確認し、チーム学校として円滑に進めるよう調整する。

4＝たいへんよい　3＝よい　2＝不十分　1＝これからである

確認事項（チェック項目）	評価			
○移行措置の進め方について校長の基本方針が示され、全教員が理解している。	4	3	2	1
○移行措置に関する文科省通知を全教員が所持し、理解している。	4	3	2	1
○新学習指導要領解説総則編を全教員が所持し、読んでいる。	4	3	2	1
○新学習指導要領解説総則編を全教員が理解している。	4	3	2	1
○新学習指導要領解説を所持し、担当の教科編を理解している。	4	3	2	1
○学年会や教科部会等で、移行措置について話合いをしている。	4	3	2	1
○各教科等の移行措置の進め方の具体的な計画ができている。	4	3	2	1
○各学年または各教科等の移行措置を、具体的に進めている。	4	3	2	1
○移行措置の進捗状況を確認（評価）し、その都度調整している。	4	3	2	1

5　授業時数確保と時間割編成

(1) 授業時数の取扱いの基本

○指導に必要な時間を実質的に確保するために、児童生徒や地域の実態を十分に考慮して、児童生徒の負担過重にならないよう平均的な週当たり、一日当たりの授業時数を配当する。

○各学校は、児童生徒や学校及び地域の実態等を考慮し、学習指導要領に基づき各教科等の教育活動（授業）を適切に実施するための授業時数を具体的に定め、各教科等に配当し、指導時間（授業時間）を確保し、指導内容の確実な定着を図る。

○授業時数は、個に応じた指導などの指導方法・指導体制や教材等の工夫改善を行うなど授業等の質的な改善を図り、各教科等の指導に必要な時間を実質的に確保することが重要である。

○年間行事予定や各教科等の年間指導計画・評価計画の実施や改善の状況等について、保護者や地域住民等に対して積極的に情報提供をすることも重要である。

○授業時数は、学校教育法施行規則51条別表2により1単位時間は45分（中学校は同73条別表第2により1単位時間は50分）とし、特別活動の授業時数は学級活動（学校給食は除く）に充てる。

（2）年間授業時数の決定

　授業を充実させるために、各教科等の授業時数を確保する際には、週当たり、1日当たりの授業時数が児童生徒の負担にならないようにするためには、年間授業日数を適切に定める必要がある。

　年間授業日数は、通常は休業日を除いた日が授業日と考えられ、休業日については、学校教育法施行令第29条及び学校教育法施行規則第61条に定められている。各教育委員会は、それらの規定を踏まえて休業日を定め、各学校は「教育委員会の規定」を踏まえて、学習指導要領に示されている各教科等の内容の指導が十分行えるよう休業日を適切に定め、必要な授業日数を確保することになる。休業日を設定するに当たっては、次のことに配慮することが大切である。

> ★必要な授業時数を確保する。
> ★児童生徒に効果的な指導の実現を観点にするとともに、児童生徒や学校、地域の実態を踏まえる。
> ★さらに、地域の年中行事、その他様々な学習や体験の機会の確保等に配慮する。

（3）授業の1単位時間 （総則（2）のウの（ア）…要約）

> （ア）各教科等のそれぞれの授業の1単位時間は、各学校において、各教科等の年間授業時数を確保しつつ、児童生徒の発達段階及び各教科等の学習活動の特質を考慮して適切に定める。

○児童生徒の集中力や持続力、指導内容のまとまり、学習活動の内容等を考慮して、指導の効果を上げる観点から決定する。

○各教科等の授業の1単位時間は、各学年及び各教科等の年間授業時数を確保し、児童生徒の発達段階及び各教科等や学習活動を考慮して各学校において定める。

○授業時数の1単位時間は、小学校は45分間、中学校は50分間である。各教科等の年間授業時数は実質的な指導に必要な時間で、これを確保することが前提となる。

○授業の1単位時間は、教育効果を高める観点に立って、教育的配慮に基づき定められなければならない。さらに、学校の管理運営上支障をきたさないよう教育課程全体にわたって検討を加える必要がある。

（4）短い時間を活用して行う指導 （総則（2）の（イ）…要約）

> （イ）各教科等の特質に応じ、10分～15分程度の短い時間を活用して特定の教科等の指導を行う場合において、当該教科等を担当する教師が、単元や題材など内容や時間のまとまりを見通した中で、その指導内容の決定や指導の成果の把握と活用等を責任をもって行う体制が整備されているときは、その時間を当該教科等の年間授業時数に含めることができる（注：授業時数として扱うことができる）。

○15分の短時間を活用した授業や、45分と15分（中学校60分と10分）を組み合わせた

60分授業など、児童生徒の発達段階及び学習内容に応じて特定の教科等の指導を行う場合は、単元や題材などの内容や時間のまとまりを見通した上で、その指導内容の決定や指導の成果の把握や活用を行う校内体制が整備されている時は、それを当該教科等の年間授業時数に含めることができる。

○朝の時間などを活用して短時間授業を実施する際は、学級担任や教科担任が学習に立ち会うことが必要条件である。

○短時間授業が妥当かどうか教育的配慮に基づいた判断が必要で、道徳科や学級活動の授業を10分〜15分程度の短い時間を活用して行うことは、通常考えられない。

○小学校では、外国語学習の特質を踏まえ、短時間授業を行う際は、45分授業を確保した上で、両者の関連性を明確にする必要がある。このため週当たり1単位時間の外国語活動を、短時間授業で行うことは困難である。

○短時間または長時間の授業時間の設定の際の留意点

> ●各教科等の特質を踏まえて検討する。
> ●単元や題材などの内容や時間のまとまりの中に適切に位置づけ、バランスの取れた資質・能力の育成に努める。
> ●授業のねらいを明確にして実施する。
> ●教科書や、教科書と関連付けた教材を開発するなど、適切な教材を用いる。

(5) 時間割の弾力的な編成 (総則(2)のウの(エ)…要約)

> (ウ) 各学校は、児童生徒や学校、地域の実態、各教科等や学習活動の特質に応じて、創意工夫をして時間割を弾力的に編成できる。

○各学校は時間割を年間で固定するのではなく、地域や学校、児童生徒の実態、各教科等や学習活動の特質に応じ、弾力的に組み替えることに配慮する必要がある。

○各学校は、児童生徒や学校、地域の実態及び各教科等や学習活動の特質に応じ、弾力的な教育課程を編成し、実施することができる。

(6) 総合的な学習の時間の実施による特別活動の代替 (総則(2)のエ…要約)

> (オ) 総合的な学習の時間における学習活動により、特別活動の学校行事に掲げる各行事の実施と同様の成果が期待できる場合は、総合的な学習の時間における学習活動をもって相当する特別活動の学校行事に掲げる各行事の実施に変えることができる。

○総合的な学習の時間に体験活動を行い、双方に同様の成果が期待できる場合は、総合的な学習の時間とは別に特別活動として体験活動を行わないことができる。

○ただし、総合的な学習の時間と特別活動の両方の趣旨を踏まえた体験活動を実施した場合に特別活動に代替えは認められても、特別活動において体験活動を実施したことをもって総合的な学習の時間の代替えを認めるものではない。

（7）授業時数の確保と時間割編成の工夫

①授業時数の確保

　土曜日授業の実施、長期休業日の短縮などによって、授業時数の確保をしている学校が見受けられる。以下、代表的な例を紹介する。

　なお、土曜日授業を実施した場合は、教職員の勤務態様を調整する必要がある。また、学校行事などの実施に伴い、時間割の調整を行う必要がある。

> ★〈授業時数確保の事例—1〉A市
> 　「A市教育委員会の規定」により、土曜休業日に授業を年間18回まで行うことができる。市立小・中学校全校で土曜日の午前中4時間の授業を実施している。総合的な学習の時間や特別活動（学級指導）に充てている学校が多い。
> ★〈授業時数確保の事例—2〉B市
> 　「B市教育委員会の規定」により、2学期制の実施が可能である。市立小・中学校全校が2学期制を導入し、始業式・終業式をはじめ学校行事などの精選により授業時数の確保に努めている。
> ★〈授業時数の確保事例—3〉C市、D市
> 　「C市教育委員会の規定」により、C市立小・中学校全校で夏季休業期間の8月下旬の10日間を短縮して授業を行い、授業時数を確保している。
> 　また、同様に「D市教育委員会の規定」により、D市立小・中学校全校で夏季休業期間を短縮し、7月いっぱい授業を実施して、授業時数を確保している。

（8）時間割編成の工夫

　週案等で、実施授業時数を確認し、実施授業時数の過不足等、随時調整する必要がある。また、学校行事などの実施に際しても時間割の調整を柔軟に行う必要がある。

【小学校の時間割編成の事例—A校】対象4～6学年

　他学年は1週当たりの授業時数が少なく、この例でカバーできる。

> ①水曜日は5時間（職員会議、学年・教科部会、分掌部会、研究・研修、その他に1時間を確保）水曜日以外は6時間とし、週29コマを確保する。
> ②朝の15分に、月曜日は全校朝会、木曜日は児童集会を実施する。
> ③火曜日、水曜日、金曜日の朝の15分は、国語・算数の短時間学習を各3回、1週間交代で行い、授業時数にカウントし、①と合わせて30コマを確保する。
> ④30コマの内1コマを、代表委員会1時間とクラブ活動3時間に当てる。
> ⑤音楽・図画工作・家庭・体育は、学期途中（前半と後半）で時間割を調整し、授業時数を確保する。
> ⑥上記②～⑤を調整し、授業時数を確保できるように時間割を編成する。

　この他、10分や15分の短時間を活用する場合が考えられるが、指導計画があり、そ

れに基づいて指導者が指導・管理していることが要件となるので、留意する。

【小学校の時間割編成の事例—B校】対象4～6学年

他学年は1週当たりの授業時数が少ないので、この例でカバーできる。

> ①2週間をセットにして、今週は月曜日～金曜日の5日間の授業（最大30コマ可能）、次週は月曜日～土曜日の6日間の授業（最大34コマ可能）を行う。
> ②上記①の64コマの中で、各教科等の授業時数、及び代表委員会やクラブ活動の時間を確保できるように編成する。

ただし、教育委員会の方針に基づくとともに、勤務を要しない土曜日に職務に従事することから教職員の勤務態様に適切に対応する必要がでてくる。

【小学校の時間割編成の事例—C校】対象4～6学年

他学年は1週当たりの授業時数が少ないので、この例でカバーできる。

> ①午前中に5時間の授業（1週当たり25時間）を実施する。
> ②午後は、必要な5時間（残り4時間及び委員会活動やクラブ活動）を確保する。
> ③上記②以外の午後は、職員会議、分掌部会、研究・研修、その他に活用する。
> ④上記①～③を勘案し、授業時数を確保できるよう時間割を編成する。

ただし、児童の生活リズム、保護者の実情などを配慮し無理のないよう実施する。

【中学校の時間割編成の事例—D校】

1週当たりの授業時数が全学年同じなので、この例で全学年をカバーできる。

> ①水曜日は5時間（職員会議、学年・教科会議、分掌部会、研究・研修、その他に1時間を確保、）水曜日以外は6時間で、週29コマを確保する。
> ②朝の15分に、月曜日は全校朝会、木曜日は生徒集会を実施する。
> ③火曜日、水曜日、金曜日の朝の15分は、国語・数学の短時間学習を各3回、1週間交代で行い、授業時数にカウントし、①と合わせて30コマを確保する。
> ④30コマの内1コマを、代表委員会1時間など3時間に当てる。
> ⑤音楽・美術・技術家庭・保健体育は、学期途中（前半と後半）で時間割を調整し、授業時数を確保する。
> ⑥上記②～⑤を調整し、授業時数を確保できるよう編成する。

【中学校の時間割編成の事例—E校】

1週当たりの授業時数が全学年同じなので、この例で全学年をカバーできる。

> ①2週間をセットにして、今週は月曜日～金曜日の5日間の授業（最大30コマ可能）、次週は月曜日～土曜日の6日間の授業（最大34コマ可能）を行う。
> ②上記①の64コマの中で、各教科等の授業時数、及び生徒会活動の時間を確保できるよう時間割を編成する。

ただし、教育委員会の方針に基づき、教職員の勤務態様に適切に対応する。

6 教育課程の評価と活用

　学校評価は、学校運営及び教育活動について、教職員による自己評価、学校関係者による学校関係者評価、第三者による第三者評価が行われる。教育委員会の方針や学校の主体的判断で、これらを効果的に実施・活用したい。

（1）教育課程の評価の在り方

　学校の役割は、保護者や地域住民などと協力・連携して、教育課程のP（計画）D（誠実な実施）C（点検・評価）A（工夫・改善）サイクルによって、次の3つのことを実現することにある。

> ①質の高い学力（生きて働く知識・技能、知識・技能を活用して課題（問題）を解決できる思考力・判断力・表現力等、さらに学習に主体的に取り組む態度等）を確実に定着させ、維持し、さらに向上させる。
> ②きめ細かい生活指導や心の教育を進め、きまりを守り、思いやりや親切な心のある、前向きに努力する豊かな心を育てる。
> ③健康や体力に関心を持ち、その維持・増進に取り組み、運動やスポーツを楽しむ技能や態度を育てる。
> 　そこで、教育課程の評価にあっては、以上①〜③を実現する取り組み状況や成果（子供が育っているかどうか）について行うことが必要となる。

（2）教育課程の評価の重点

　これまでの教育課程の評価は、年度末に一括して評価する学校、学校運営診断の一環として中間的な評価を行う学校と、様々であった。そして、殆どの学校は、次の2点で共通の特徴が見られた。

> ○学校自身が計画し、学校だけで実施し、学校だけで評価し、学校だけで改善工夫する「学校内完結型」である。
> ○単元テストやレポートなどによる評価、通知表レベルの評価・評定、指導要録段階の評価・評定は行っている。
> 　しかし、上記（1）の①「質の高い学力の定着・維持・向上」、②「心の教育（道徳科及び各教科等における道徳教育）」、③「健やかな体」についてどのような成果があがったか評価することについて曖昧だった。

　そこで、教育課程の評価は、次のABの2つの側面から進める。（参考：東京都教育委員会平成13年「東京都公立学校・学校評価資料・小学校編」、平成20年「学校の一層の充実に向けて・東京都公立学校・学校評価資料・小学校編（中学校編）」）

【A 子供が育っているかどうかの評価】

　第1に、教育課程のPDCAサイクルに関する評価である。各教科、道徳科、外国語

活動、英語科、総合的な学習の時間、特別活動の授業の成果、すなわち「子供が具体的にどのように育ったか？」を捉える評価である。

【B 子供を育てるための条件整備や教職員の協働についての評価】

　第２に、教育課程の編成・実施を支える諸条件に関する評価である。教育課程の編成・実施を支える諸条件には、経営及び組織編成、研修・研究、情報・ICT、施設・設備、教材・教具、出納・経理、保護者・地域住民との協力・連携などが考えられる。

（３）学校評価（自己評価）の効果的な進め方

　学校評価（自己評価）を進める際には、評価する場合も、評価を活用して工夫・改善する場合も、次のような考えがある。実際に実施した学校によると、かなり効率的であったということである。

〈自己評価の実施〉アンケート調査（選択肢法、一部自由記述）で、教職員全員、高学年児童、保護者、地域住民の一部を対象に実施する。

　その際、次の４点を意識したアンケートにする。（　）内は、目的。

①よい点を明確に捉えるようにする。（よいことを、一層よくする）

②問題点をはっきりさせる。（原因・要因をはっきりさせ、改善する）

③無理なこと、無駄なことをはっきりさせる。（無理・無駄は思い切ってやめる）

④新しく取り入れた方がよいことを提案してもらう。（新しいことに挑戦する）

〈集計結果の使い方〉アンケート等を集計した結果は、全て印刷し、全教職員に配布し、次のように取り扱って、効率的に進める。

①全教職員で検討する事柄を選択し、職員会議で話し合う。

②校務分掌の部内で検討する事柄を選択し、部内で検討し、次年度に引き継ぐ。

③校務分掌の部内で、次年度に申し送る事柄を選択し、次年度に申し送る。

④その他は、協力に敬意を表し、教職員各自の判断で活用する。

（４）保護者や地域住民の協力を得るための取組

　学校評価（自己評価）に、保護者や地域住民のアンケート調査などを実施し、評価資料として活用している例は少なくない。

　ところが、アンケートを集計してみると、質問事項に対する情報が少ない（ない）ために、「分からない」あるいは「無回答」が多く、保護者や地域住民の意見や要望を捉えられないことが多い。そこで、下記①～⑥のような事柄に配慮して、学校を知ってもらい、見てもらった上で、学校評価に協力してもらえるようにする「情報の提供」が必要になる。

　特に、建設的な意見や提案を活用して、どのように改善工夫をしたかを協力者に知

らせるようにする。このことが、学校への理解者と支援者を少しずつ増やしていくことにつながる。

①学校評価のねらいや手順などについて事前に説明し、必要な情報を提供する。
②授業や学校行事など、日頃の教育活動を公開する。
③授業や学校行事を公開した時は、簡便なアンケート（選択肢と一部自由記述）などを実施して随時評価とする。
④アンケートの第１次集計結果を簡潔に整理して、「よい点」「改善したほうがよいこと」「提言（新しく取り入れたほうがよいこと）」などを分かりやすく知らせる
⑤その後、④を基にして、どう改善・工夫をしたかを知らせる。
⑥また、①～⑤を学校関係者評価などに活用し、その結果を知らせる

7 地域に根ざした教育

「社会に開かれた教育課程」と「カリキュラム・マネジメント」で共通している事柄は、「地域の人的・物的資源の活用」である。

これは、次のように整理すると、授業の様々な面に活用でき、子供の教育に役立てることができる。

○地域の空間や施設など「地域は教室」
○地域の文化的・歴史的な事柄など「地域は教材（学習材）」
○保護者・地域住民、企業などの人々は「地域は先生」

これらを「地域の人的・物的資源を活用した例」としてを示すと、次頁の「根岸学習ゾーン」及び「地域に根ざした教育活動」のようになる。

根岸学習ゾーン　（出典：「2002根岸教育プラン」東京都台東区立根岸小学校）

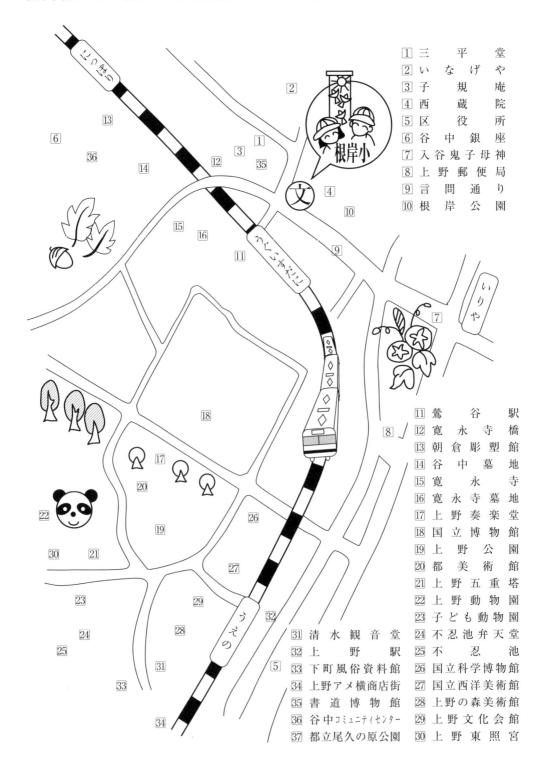

表-9　根岸学習ゾーンの活用メモ（注：平成15年3月当時、一部省略、☎省略）

	名称	学年	教科領域	施設・活動概略	備考
1	三平堂	6	総合	落語について調べる	
2	いなげや・商店学校近辺	2・3	生・社	見学・インタビュー、買い物秋さがし	☎
3	子規庵	4	総合	俳句、正岡子規	
4	西蔵院	2・3	生・社	根岸小発祥の地、昔の学校見学、住職の話、秋さがし	入館料無料 ☎
5	区役所	3	総合	見学、公園の活用の学習 未来の台東区の計画の学習	
6	谷中銀座	3	社	小売店とスーパー、見学	
7	入谷鬼子母神	1・3	生・総合	入谷朝顔市、夏さがし	7月上旬
8	上野郵便局	2	生	見学・映画、手紙投函	12月不可
11	鶯谷駅	2	生	見学・助役の話	☎
13	朝倉彫塑館	4～6	図	彫塑作品鑑賞、住居見学	☎
15	寛永寺	1・2 3・6	生・社	住職からの徳川家の話 秋さがし・銀杏ひろい	☎
17	上野奏楽堂	5・6	総合	音楽鑑賞、音楽家の伝記調べ	
18	国立博物館	6	社	昔の道具、風俗	要入館料 ☎
19	上野公園	全	生・総合	史跡・公園見学、四季の動植物観察・写生	☎
20	都美術館	5	国・家・図	作品鑑賞	☎
22	上野動物園	3・6	生・総合 理・特	動物観察・写生 上野寛永寺見学・写生	☎
25	不忍池	全	理・特	水辺の動植物の観察・写生	
26	国立科学博物館	3～6	総合・理	化石や地層の見学・学習 発見の森で観察の仕方学習	要入館料 ☎
27	国立西洋美術館	4～6	図	近代西洋美術作品の鑑賞 庭のロダン彫刻、企画展見学	☎
33	下町風俗資料館	3	社	昔の道具や風俗の見学・調査	☎
34	アメ横商店街	3	社	商店街見学	
35	書道博物館	3	総合・国	作品鑑賞、書道の学習	☎

表-10 地域の人的資源を活用した授業

—地域の人的資源を活用した授業例—

(注：東京都T区立N小学校　平成15年3月当時)

学年	1学期	2学期	3学期
1	保護者多数―生活科「こうえんであそぼう」／園芸専門家―生活科「はなをさかせよう」／東京朝顔会―生活科「あさがおまつりをしよう」	根岸俳句会―国語「はいくをつくろう」／保護者多数―生活科「あきとなかよし」／保護者多数―生活科「あきまつり」	地域老人会―生活科「むかしあそび」／自称利口会―学級活動「けんだまあそび」／地域老人会―算数科「もののかぞえかたをしらべよう」
2	駅職員・伝統工芸職人―生活科街探検／区役所進路学習課―生活科「民話の語り」／自称菊づくり名人―生活科「菊をそだてよう」	根岸俳句会―国語「はいくをつくろう」／お隣さん「行ってみよう町たんけん」―生活科「まつり、ふえ、たいこ」／保護者多数・助産師学院先生・看護師―生活科「こんなに大きくなったよ」	郵便局員―生活科「子どもゆうびんきょく」／保護者多数―生活科「もののかぞえかたがとくいになったよ」
3	保護者多数・伝統工芸職人―社会科「この町大好き」／動物園シルバーガイド・地域老人会・駅職員・書道博物館・下町風俗館・神社神主・同窓会―社会科「区役所の働き」／イスカット・子地蔵・子地域―総合「フクカクチャレンジ・マイタウン」	根岸俳句会―国語学習発表会／町の歴史の町内好き／技術者多数・商店主・商店街―豆腐、提灯、せんべいなど／住職・地域老人会―総合「地域触れ合いスクール」／児童相談所カウンセラー―総合「伝え合う心」	地域老人会・区役所生涯学習センター・卒業生―区の移り変わり／商店主多数・人力車運転士・児童館―地域の様子・保護者多数―生活科「昔の地域の生活」／羽二重団子店他―社会科「区役所薬師とおばあちゃんの生活」／旧職員・地域魚店―社会科「そろばん教室」／珠算連盟講師―算数科「そろばん教室」
4	科学博物館学芸員―理科「星を観察しよう」／上野動物園飼育係―理科「体温、脈拍」／東京電力社員―理科「光と電気の働き」／ボランティア銀行「自分ができることからやってみよう」／保護者多数―フリーマーケット体験・区役所リサイクル振興課―総合「今のごみ問題」	根岸俳句会―国語「はいくをつくろう」／ODA技術者・JICA経験者―総合「海外協力、井戸ほり」／科学博物館学芸員―理科「水の性質」／聖徳寺住職―総合「玉川兄弟」／保護者・ボランティア―手話サークル／障害者・下水道職員―総合「障害のある人はみな生き方が」「手話を覚えよう」「不思議？発見！」	清掃工場職員・区役所職員―社会科「リサイクル・ごみのしょりのしくみ」／東京ガス職員―課外活動親子クッキング／NEC・東芝職員―パソコンの使い方／東京芸術劇場職員―総合「どこにつながっているかな？」
5	気象大学教授―理科「天気予報」／自称凧づくり名人・馬子倶楽部―伝統芸能／移動教室「凧作り」「陶揚げ」／諏訪教室「霧が峰学園管理人」／JA佐久・諏訪農家―キャベツ栽培／かつお節本家元―総合「江戸の粋と古心・意気」／移動教室「霧が峰学園管理人」・理科「自然の観察」	根岸俳句会―国語「天気予報」／ケーブルTV・日経TV―総合新聞、番組の作り方／カゴメ・サントリー―社会科「生産工程、リサイクル」／地域の伝統行事―伝統「IT革命」／NHK・朝日毎日新聞記者・研究所の職員―総合「IT革命」／水引工芸師―総合「探ろう、江戸の職人技」／国立西洋美術館学芸員―図工「見て、感じて、作ってみよう」	助産師病院先生・学生―理科・総合「生命のつながり」／都議庁少年課・警視庁少年課―パラリンピックキャラバン・地域老人会―課外活動―セーフティ／盲導犬利用者・ユニセフ職員―総合「LIFE―生き方」／数学教育者―算数科「文章題の解き方を考えよう」／総合「生きる」
6	寛永寺住職―社会科「日本の歴史」／九段目市川紋蔵―社会科「能楽園」・水墨画家・茶道師範―総合「伝えよう日本の宝」／外国生活経験者・区職員外国語課―安全指導「交通安全とマナー」	根岸俳句会―国語「日光研修学校行事」／移動教室「日光の表情らしき土地の表現」―理科・社会科・図工・総合―日光／ホテルマネージャー・東京芸大生・留学生・在日外国人・JICA職員・外務省職員・AMDA職員／農林水産省職員・消防署・保護者多数―総合「みんなでつくろう地球の輪」	保護者―家庭科「リサイクル製品」／会社員―道徳「私の体験で生きる」／東京電力社員―理科「電流の働き」／ファームランド21（電力・コピー・印刷・洗剤・製鉄・ガラス・木材産・化粧品・自動車・デパート・建設・不動産・情報関係者）／総合「生きる」「文章題の解き方を考えよう」「LIFE―生き方」「人と環境」
全校	人材派遣会社―外国語（中国、韓国、タガログ、英語）／消防署職員―避難訓練・花火の遊び方／保護者多数―避難訓練・子ども夏祭り／警察署交通課・区職員交通課―安全指導	菓子店・音楽家・合唱団―学校行事「酔っぱらい」／音楽クラブ講座―伝統楽器の指導／警察署・クラフト講座・生涯学習センター職員・消防署―避難訓練・引き取り訓練	ピアニスト・声楽家・東京芸術大学生―学校行事「三者音楽会」／地域老人会・保護者多数―学校行事「新春音楽遊び」

第4章

「現代的な教育課題」への対応のヒント

1　学校に押し寄せる「現代的諸課題」

　学校に様々な課題が押し寄せてくるのは、現代史の最先端にいることから当然のことである。だからと言って手をこまねいてはいられない。「子供のためにどうすべきか」を考え、果敢に実行していくべきである。以下のような諸課題がある。

○質の高い学力の向上、豊かな心の涵養、健やかな体の育成

○資質・能力の３つの柱及び「主体的・対話的で深い学び（≒AL）」

○社会に開かれた教育課程、カリキュラム・マネジメント

○小学校外国語科の指導、道徳科の指導と評価、学習評価

○いじめ、不登校、トラブル、問題行動、保護者等のクレーム、子供の貧困

○小１プロブレム、中１ギャップ、一貫教育（幼・小、小・中、中・高）

○学校運営協議会、コミュニティ・スクール

○インクルーシブ教育、障害者差別解消法、UD、LD、ADHD

○ESD、環境教育、消費者教育、キャリア教育、主権者教育、福祉・ボランティア

○地域社会における産業の役割を理解し、地域創生等に生かす

○健康・安全、食育、持病、食物アレルギー

○グローバル人材の育成、現代的諸課題の対応に求められる資質・能力

○言語活動の充実、情報活用能力の育成、ICT活用、プログラミング教育

○クリティカル・リーディング（批判的読解）、クリティカル・シンキング（批判的思考）

○2020東京オリンピック・パラリンピック、豊かなスポーツライフ

2　資質・能力の３つの柱

　学力の３つの要素と資質・能力の３つの柱の関係は、下表のように整理できる。

学校教育法第30条第２項（要約）	中央教育審議会答申（要約）
基礎的な知識・技能	何を理解しているか、何ができるか ★生きて働く「知識・技能」
これら（知識・技能）を活用して課題を解決するために必要な思考力・判断力・表現力その他の能力	理解している・できることをどう使うか ★未知の状況にも対応できる「思考力・判断力・表現力等」
主体的に学習に取り組む態度	どのように社会・世界と関わり、よりよい人生を送るか ★学びを人生や社会に生かそうとする「学びに向かう力・人間性等」

3 主体的・対話的で深い学び（≒ AL）

「主体的・対話的で深い学び」は、子供の心と頭の中が活動（active）していること、「主体的な学び」「対話的な学び」「深い学び」は形態ではなく、資質・能力を育むものとして、関連的に行われることが重要である。

主体的な学び	学ぶことに興味・関心を持ち、自己のキャリア形成の方向性と関連付けながら、見通しを持って粘り強く取り組み、自己の学習活動を振り返って次につなげる「主体的な学び」が実現できる。
対話的な学び	子供同士の協働、教員や地域の人との対話、先哲の考え方を手掛かりに考えること等を通じ、自らの考えを広げ深める「対話的な学び」ができるようにする。
深い学び	各教科等で学習した知識や考え方を活用し（すなわち「見方・考え方」を働かせ）、問いを見出して解決したり、自己の考えを形成し表したり、思いを基に構想、創造したりすることに向かう「深い学び」ができる。 次のような「振り返り」（田村学）が重要である。 ★1時間（ひとまとまり）の学習したことを確認する「振り返り」 ★学習したことを既習事項と関係づける「振り返り」 ★学習したことを既習事項と統合したり一般化したりする「振り返り」 ★学習したことを自己の生き方・メタ認知とつなげる「振り返り」

4 小学校外国語活動・外国語科の指導

今後は、多文化・多言語の中で、人間としても国同士でも認め合ったり、協力したり、協調したり、競争したりすることが多くなる。そして、様々な社会的・職業的な場面で、外国語を用いて互いの考えを伝え合い理解し合うことが一層必要になる。

そこで、外国語でコミュニケーションをする「見方・考え方」と、小学校中学年の外国語活動及び高学年の英語科のねらいを整理すると次のようになる。

【外国語活動の見方・考え方】

外国語で表現し伝え合うため、外国語の背景にある文化を、社会や世界、他者とのかかわりに着目して捉え、目的・場面・状況等に応じて、情報や自分の考えなどを形成、整理、再構築すること。

【小学校中学年の「外国語活動」の目標】　★新設　週あたり1時間

コミュニケーションの目的を理解し、見通しをもって目的を実現するための活動を通して、聞いたり話したりすることに慣れ親しませ、「コミュニケーション能力の素地」となる資質・能力を育成する。

> ①外国語を用いた体験的な活動を通じて、言語や文化について体験的に理解を深め、日本語と外国語の音声や語順等の違い等に気付いた上で、外国語の音声や基本的な表現に慣れ親しませるようにする。
> ②外国語を通じて、身近な簡単なことについて、聞いたり話したりして自分の考えや気持ちなどを伝え合う力の素地を養う。
> ③外国語を通じて、言語やその背景にある文化の多様性を尊重し、相手に配慮しながら外国語を用いてコミュニケーションを図ろうとする態度を養う。

【小学校高学年「外国語科」の目標】　★新設　週あたり2時間

コミュニケーションの目的を理解し、見通しを持って目的を実現するための言語活動を通して、聞いたり話したりするとともに読んだり書いたりすることにも慣れ親しませ、「コミュニケーション能力の基礎」となる資質・能力を育成する。

> ①外国語を通じて、言語の働きや役割などを理解し、読んだり書いたりして外国語の文字、単語、語順などに慣れ親しませるとともに、外国語の音声、語彙・表現を聞いたり話したりする実際のコミュニケーションの場面において活用できる基本的な技能を身に付けるようにする。
> ②外国語を通じて、身近で簡単なことについて、文字、単語などを読んだり語順に気付きながら書いたりするとともに、聞いたり話したりして自分の考えや気持ちなどを伝え合う基礎的な力を養う。
> ③外国語やその背景にある文化の多様性を尊重し、相手に配慮しながら外国語を用いてコミュニケーションを図ろうとする態度を養う。

【中学校「外国語科」の目標（要約）】　現行通り

コミュニケーションの目的を理解し、見通しを持って目的を実現するための「聞く・話す・読む・書くこと」による総合的な言語活動を通して、簡単な情報や考え方などを「外国語で理解し表現し伝え合うことができる」資質・能力を育成する。

> ①外国語を通じて、言語の働きや役割などを理解し、外国語の音声、語彙・表現、文法を、「聞くこと」「読むこと」「話すこと」「書くこと」を用いた実際のコミュニケーションの場面において活用できる基本的な技能を身に付けるようにする。
> ②外国語でコミュニケーションを行う目的・場面・状況等に応じて、日常的・社会的で具体的な話題について理解したり表現したり、簡単な情報や考えなどを交換するなどして伝え合ったりすることができる力を養う。
> ③外国語やその背景にある文化の多様性を尊重し、聞き手・読み手・話し手・書き手に配慮しながら、主体的に外国語を用いてコミュニケーションを図ろうとする態度を養う。

5 道徳科の指導と評価

　道徳科の「見方・考え方」とは、「様々な事象を、道徳的諸価値の理解を基に自己との関りで（広い視野から）多面的・多角的に捉え、自己の（人間としての）生き方について考えること」である。道徳科は、従前の道徳の時間と同様「学校における道徳教育の要（かなめ）」として、次の３つのことに留意して指導する。（　）内中学校

補充	道徳教育としての取り扱いが十分でない内容項目に関する指導を補うこと。
深化	児童生徒や学校の実態等を踏まえて指導をより一層深めること。
統合	項目の相互の関係を捉え直したり発展させたりすることに留意して指導すること。

　また、各教科等における道徳教育は、その教科等の目標を達成すること、学習活動や状況において個々の児童生徒の能力や個性に配慮すること、教師はモデルとして言動に留意することが求められる。

　なお、「多様な考え方を生かすための言語活動」「問題解決的な学習等を取り入れる工夫」「道徳的行為に関する体験的な学習等を取り入れる工夫」「特別活動等の多様な実践活動等を生かす工夫」など、指導方法を工夫する必要がある。

　また、道徳科の評価に当たっては、下記①〜⑥の諸点に基づいて適切に行う。（「小学校学習指導要領特別の教科道徳編」平成27年7月を基に要約・構成）

①５４３２１やＡＢＣなど数値による評価は行わず、記述式であること。
②他の児童生徒との比較による相対評価は行わず、いかに成長したか積極的に受け止め、励ます個人内評価で行うこと。
（注：ポートフォリオ、エピソード（挿話、逸話法）、作文・レポート、スピーチ・プレゼンテーション，協働の問題解決の実演などの過程で、学習状況や成長の様子を把握する。長期間書き留めた感想文などから考えのの深まりや他人の意見を受止め取り入れるなど、内面の変容を見取る。）
③他の児童生徒と比較して優劣を決めるような評価はなじまないので行わない。
④個々の内容項目ごとではなく、大括りなまとまりを踏まえて評価を行うこと。（注：１単位時間での全ての児童生徒の変容の見取りは困難であるから、長期間（学期や年間）における変容を見取るようにする。）
⑤発達障害等の児童生徒に配慮すべき観点等を学校や教員間で共有すること。
⑥指導要録における道徳科「学習状況及び道徳性に関わる成長の様子」欄の在り方については、文科省や教育委員会の様式及び取り扱いによることになる。
（注：文部科学省の指導要録及び学習評価に関する「通知」を参照のこと）

6　いじめ・不登校・問題行動

　いじめ・不登校・問題行動に対する指導を教育課程や指導計画に具体的に組み込んで、道徳科や学級指導、生徒指導の中で、適切に指導するとともに、状況に応じて対応することが求められる。

　特に、いじめについては、子供の好ましい人間関係づくりを進めるとともに、「しない」「させない」「見逃さない」「相談する」「知らせる」などについて、具体的に、継続的に、心に響く指導をする。その上で、いじめの兆しや事実、本人からの相談やサインに留意して、早期発見・早期対応、解決するまでの親身の係わりが重要である。

　また、不登校についても、その要因は様々なので、個々の児童生徒の生活や学習の状況、家庭の事情などを丁寧に把握して、家庭と連携しつつ関係諸機関の専門的な指導・助言・支援を得て、児童生徒に寄り添った形で進めるようにする。

　そして、問題行動（いじめ、暴力、器物損壊、飲酒・喫煙・薬物乱用、万引き、夜間徘徊、性の乱れなど）についても、近隣の小・中学校で生徒指導計画を協働で作成し、「目標」「内容」「方法」を発達段階に応じて、「小学校低・中・高学年及び中学校の一貫した指導」を進めるようにする。

　いじめや生徒指導に関しても、一貫した指導計画が重要である。そして、教師の感性を磨き、アンテナを鋭くして、日常の児童生徒の生活の中の「小さな事実」や「あれ？」というかすかな兆候に気付き、確かめ、即温かい対応をし、先送りや見逃しをなくすことである。不祥事が生じてからいくら謝罪しても子どもは救われない。

7　子供の貧困

　厚生労働省平成24年調査によると、経済的貧困の視点から見た「子供の貧困率」は16.3％で、実に6人に1人の割合で（その後、平成27年調査では13.9％で7人に1人と幾分改善しているが）、国際的にも高い数値を示している。

　学校では、経済的貧困の視点のみならず、保護者の養育態度、家庭学習や学習習慣の定着への協力などについて、個人情報や子供の心情に配慮しつつ、学級担任、養護教諭、教育相談員などを中心に把握し、専門機関の指導・支援を得て対応し、子供に心のこもった温もりのある指導をすることが必要である。

8　インクルーシブ教育

　障害の有無にかかわらず地域の学校で学ぶ教育は、「①障害を理由に排除されない、②必要な教育環境の整備、③個々に応じた合理的な配慮が提供される」ことが重要である。障害者差別解消法や合理的配慮の理解を深め、障害者理解や交流、協同学習に

ついて、多様性の尊重、協働しての生活、各教科等の「見方・考え方」と関連付け、教育活動全体の中で推進していく教育課程の編成が求められる。

その際、子供たちが地域社会の構成員であるということを学ぶため、地域社会の中での交流及び協同学習を進める視点も重要である。

9 主権者教育

選挙権が満20歳以上から満18歳以上に引き下げられたことを受けて、主権者としての意識を育むために行う教育のことである。

具体的には、主として次のようなことを、小学校6学年の社会科や中学校社会科公民を中心に行う。新学習指導要領に基づいて作成された教科書では、指導内容に盛り込まれている。

○政治の仕組みや選挙についての知識
○基本的な生活習慣の定着、規範意識、社会人としての自立
○他者と協力・連携して、様々な諸課題を解決する力、社会を生き抜くこと　等々

10 情報活用能力（含む情報モラル）

子供がコンピュータや情報通信ネットワーク等の情報手段に慣れ親しみ、基本的な操作や情報モラルを身に付け、適切に活用できるようにすることが重要である。その際、次の3観点8要素を踏まえて進める。

情報活用能力の3観点	情報活用能力の8要素
情報活用の実践力	①課題（問題）や目的に応じた情報手段の適切な活用 ②必要な情報の主体的な収集・判断・表現・処理・創造 ③受け手の情報を踏まえた発信・伝達能力
情報の科学的な理解	④情報活用の基礎となる情報手段の特性の理解 ⑤情報を適切に扱ったり、自らの情報活用を評価・改善したりするための基礎的な理論や方法の理解
情報社会に 参画する態度	⑥社会生活の中で情報や情報技術が果たしている役割や及ぼしている影響の理解 ⑦情報モラルの必要性や情報に対する責任 ⑧望ましい情報社会の創造に参画しようとする態度

11 プログラミング教育

新小学校学習指導要領では、IoT（Internet of Things）で得たビッグデータが人工知能（AI）で分析され、それをロボットが活用する時代「第4次産業革命」の到来を

想定して、小学校でプログラミング教育を必修とした。

　プログラミング教育の目的は、「子供たちにコンピュータに意図した処理を行うように指示することができるという体験をさせながら将来どのような職業に就くとしても、時代を超えて普遍的に求められる力として、プログラミング的思考を育成する」ことにある。

総則	「児童がプログラミングを体験しながら、コンピュータに意図した処理を行わせるために必要な論理的思考を身に付ける活動」を計画的に実施する。
算数	プログラミングを体験しながら論理的思考力を身に付けるための活動を行う場合には、児童の負担に配慮しつつ、例えば第5学年「B図形」の正多角形の作図の学習に関連して、正確な繰り返し作業を行う必要があり、さらに一部を変えることで色々な正多角形を同様に考えることができる場面などで扱う。
理科	プログラミングを体験しながら論理的思考力を身に付けるための学習活動を行う場合には、児童の負担に配慮しつつ、例えば第6学年「A物質・エネルギー」における電気の性質や働きを利用した道具があることを捉えるなどの学習など、与えた条件に応じて動作していることを考察し、さらに条件を変えることにより、動作が変化することについて考える場面でも扱う。
総合	プログラミングを体験しながら論理的思考力を身に付けるための学習活動を行う場合には、プログラミングを体験することが、探究的な学習の過程に位置づくようにする。

　小学校学習指導要領やその解説（算数編、理科編、総合的な学習の時間編・平成29年7月）において、プログラミング教育の目標・内容・方法及び評価の在り方を確認・理解し、教育課程に位置付け、指導計画を作成し、授業として具体化する必要がある。

12　グローバル人材

　グローバル化する世界の中で生きる日本人には、「日本や他国の言語や文化を理解し、日本人としての美徳やよさを生かし、グローバルな視野で活躍するために必要な資質・能力（注：以下の要素ⅠⅡⅢ）」の育成が求められる。

要素Ⅰ	外国語能力、コミュニケーション能力
要素Ⅱ	主体性・積極性、チャレンジ精神、協調性・柔軟性、責任感・使命感
要素Ⅲ	異文化に対する理解と日本人としてのアイデンティティ

13 学習評価

学習評価では、次の3つの側面で考えると分かりやすい。そして、それぞれの特性に応じて、子供が自己肯定感をもって意欲的に学習し続けるよう活用したい。特に、1単位時間の授業の中の「指導と評価の一体化」（形成的評価）に配慮して進めたい。

診断的評価	○ある内容について学習を進める前に、その学習に必要な基礎的な知識・技能、考え方がどの程度身に付いているかレディネステストや実演などによって把握する。その結果は指導計画・評価計画や教材の作成、指導方法の工夫に活用する。 ○学力テストなどを実施して把握し、分析して、教育課程や指導計画・評価計画の改善・工夫に活用する。
形成的評価	○1単位時間（ひとまとまり）の授業中の子供の学習状況や反応を見取り、つまずきに応じた支援をしたり、さらに別の考えを探らせたりなど、「指導と評価と支援」の一体化に役立てる。 ○小単元や単元の途中で、子供の学習状況や途中の成果を把握し、単元の指導の流れや指導方法などを修正したり、調整したりする。
総括的評価	○単元の学習が終了した段階で、テストやパフォーマンスを通して、学習成果を評価し、以降の指導計画・評価計画や指導方法などの改善・工夫に役立てる。 ○学期、学年の主な学習成果を把握し、通知表や指導要録の評価・評定に役立てる。結果は、子供の学習の改善のみならず、教育課程や指導計画との改善・工夫にも活用する。

総括的評価については、評価規準に照らして絶対評価で、観点別評価はＡＢＣ、評定は３２１（中学校５４３２１）で行う。評価に当たっては、評価規準（注：国立教育政策研究所から例示される）と評価手続きにより十分な評価資料に基づいて、妥当性・客観性・信頼性を担保した適切な評価を行うことが求められる。

学校教育法第30条第2項	現行の評価の観点	新しい評価の観点
①知識・技能 ②思考力判断力表現力等 ③主体的に学ぶ態度	○関心・意欲・態度（③） ○思考・判断・表現（②） ○技能（①） ○知識・理解（①）	○主体的な学習態度（③） ○思考・判断・表現（②） ○知識・技能（①）

なお、授業の中の「指導と評価と支援」や通知表の評価については、その子供の良い点、進歩したこと、努力したことを中心に肯定的評価をすることが肝要である。また、さらによりよくなるために、若干の注文を付けることを十分な教育的配慮のもと

に行うことが大切である。特に通知表の所見、指導要録の総合所見、総合的な学習の時間や特別活動の欄及び道徳科の欄の記入については十分に意を用いる必要がある。

14 ESD（持続発展教育）

ESD（Education for Sustainable Development）は、持続可能な開発のための教育（持続発展教育）という意味である。人権、環境、戦争などの課題への取り組みを基盤としながら、基本的な考え方「2つの観点：①人格の発達や自律心、判断力、責任感などの人間性を育むこと、②他人との関連性、社会との関連性、自然環境との関係性を認識し、かかわり、つながりを尊重できる個人を育むこと」「総合的な取り組み：環境教育・消費者教育・国際理解教育・基礎教育・人権教育など、持続可能な開発（発展）に関する諸問題に対応する個別分野だけでなく、様々なな分野を多様な方法を用いてつなげ総合的に取り組むことが重要である」により、環境・経済・社会・文化などの側面から学際的・各教科横断的・総合的に取り組むことが求められる。

その際、下記の「ESDの目指すこと」などについても理解し、教育課程に位置付け、指導計画を作成し、子供が育つ授業として実現したい。

★3つの目標（①全ての人が質の高い教育の恩恵を享受すること（質の高い教育の保障）、②持続可能な開発のために求められる原則、価値観及び行動が、あらゆる教育や学びの場に取り込まれること（全教育活動や学習場面での取組）、③環境、経済、社会の面において持続可能な将来が実現できるよう価値観と行動の改革をもたらすこと（新たな価値観や行動の創造）

★6つの育みたいこと（①持続可能な開発に関する価値観（人間尊重、非排他性、機会均等、環境の尊重など）を見出す力の養成、②体系的思考力（問題や現象の背景の理解、多面的かつ総合的なものの見方）の育成、③代替え案の思考力（批判力）の育成、④データや情報の収集・分析能力の育成、⑤コミュニケーション能力の育成、⑥リーダーシップの向上）

★3つの学び方・教え方（①「関心の喚起→理解の深化→参加する態度や問題解決力の育成」を通じて「具体的な行動」を促すという一連の流れの中に位置付けること、②単に知識・技能の習得や伝達にとどまらず、体験、体感を重視して、探究や実践を重視する参加型アプローチをとること、③活動の場で学習者の自発的な行動を上手に引き出すこと）

★我が国が優先的に取り組むべき課題（①先進国が取り組むべき環境保全を中心にした課題を入り口として、②環境、経済、社会の統合的な発展について取り組みつつ、③開発途上国を含む世界規模の持続可能な開発につながる諸課題を視野に入れた取り組みを進めて行く）

15 UD (Universal Design)

　ユニバーサルデザインとは、言語・文化・国籍の違い、障がいの有無、乳幼児・若者・大人・高齢者、男女などの区別なく、全ての人に使いやすい製品、建物・施設、情報、環境などをできるだけ多くの人が利用可能であるデザインにすることである。

　ユニバーサルデザインには7原則があり、これらを基に授業をユニバーサルデザインにするための7視点も提案されている。これらの関連は、下の表のようになる。

ユニバーサルデザインの7原則	授業をユニバーサルデザインにする7視点
1．どんな人にも公平に使えること（公平な利用）	①全ての子どもが学びに参加できる（1）
2．使う上で柔軟性があること（利用における柔軟性）	②子どもの多様な学びに対して柔軟に対応できるきる授業（2）
3．使い方が簡単で自明であること（単純で直感的な利用）	③視覚や触覚に訴える教材・教具や環境設定が準備されている授業（3，4，7）
4．必要な情報がすぐわかること（認知できる情報）	④欲しい情報が分かり分かりやすく提供されている授業（4）
5．うっかりミスを許容すること（失敗に対する寛大さ）	⑤間違いや失敗が許容され、あれこれ試行錯誤しながら学べる授業（5）
6．身体に過度な負担をかけないこと（少ない身体的な努力）	⑥現実的に発揮することが可能な力で、達成感が得られる授業（6，7）
7．アクセスや利用のための十分な空間が確保されていること（接近や利用のためのサイズと空間）	⑦必要な学習活動に十分取り組める課題設定がなされている授業（1，4，7）

　ユニバーサルデザインで、どの子も「考える」「分かる」「できる」「学習したことを使える」ようにするポイントとして、例えば、次の6点を挙げることができる。

❶学校や学級を安心・安全で、全ての児童生徒に居場所のあるところにする。
❷学校や学級の環境をユニバーサルデザインにする。
❸授業をユニバーサルデザインにする。
❹指導方法（学習活動）をユニバーサルデザインにする。
❺各教科、道徳科、総合的な学習の時間、特別活動などの評価を「肯定的評価」（よい点、進歩したこと、努力したことなどよい面を見つめ、認め、褒め、自信をつけさせる評価）にする。
❻「チーム学校」として、教育実践や校内研究に組織的・協働的に取り組む。

16　キャリア教育

　キャリア教育とは、「児童生徒一人一人に、社会的・職業的自立に向けて必要な基盤となる能力・態度を育み、キャリア発達を促す教育」のことである。そこで、「将来、社会や職業で必要となる資質・能力を育むためには、学校で学ぶことと社会との接続を意識し、一人一人の社会的・職業的自律に向けて必要な資質・能力を育み、キャリア発達を促すキャリア教育」の視点が重要となる。

　キャリア教育は、教育課程全体を通じて取り組むことが重要である。小・中学校では、特別活動の学級活動（希望や目標・生きる意欲・態度、協働・社会の一員としての役割、学ぶ意義と学習と自己実現のつながり、現在及び将来の学習と自己実現、社会参画意識の醸成や勤労観・職業観の形成、主体的な進路の選択と将来設計など）を中核としながら、総合的な学習の時間（生産・勤労体験、職業や自己の将来に関する学習、自己理解、将来の生き方など）や学校行事（勤労生産・ボランティア活動、職場体験などの勤労観・職業観など）、各教科や道徳科の学習、個別指導や進路相談など学校の教育活動全体を通じて行うことが求められる。

17　言語能力の育成

　子供は発達段階に応じて、言語を媒介として次のような言語能力を獲得していく。

○教科書や本、教員の説明、PCの検索や各種資料などから新たな情報や知識を得る。
○言語によって思考したり、判断したり、表現したりする力を獲得する。
○会話や議論をして、コミュニケーション力など他者と関わる能力を獲得する。
○事象や事物の実験・観察・調査をして必要な情報を取り出したり、自分の考えをまとめたりすることができるようになる。
○友人と互いに思いを伝え（受け止め）合ったり、深め合ったりできるようになる。
○学級（仲間）で目的を共有し、協働して、達成できる。

　言語能力は、「創造的・論理的思考」「感性・情緒」「他者とのコミュニケーション」の3つの側面から構成され、情報（文章や言葉、言葉を含む図表、文章以外の情報など）を理解する力は「認識から思考へ」の過程で、文章や発話で表現する力は「思考から表現へ」の過程で働いている。

　そこで、言語能力の育成を直接的に担う国語教育や外国語教育で重視される。また、多くの語彙や多様な表現を通して様々な世界や生き方に触れ、疑似的な体験や知識を獲得する読書もまた重視する必要がある。

　また、各教科等においても、例えば、次頁のような発想で言語活動を重視し、言語能力を育成するとともに、各教科等特有の資質・能力を高めていくことが求められる。

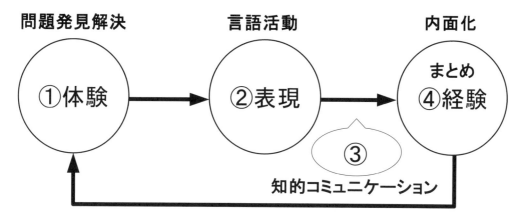

①は課題（問題）解決に取り組み、考えたり、したり、気づいたり、感じたりして自分なりのもの（答え、結果、結論など）を見つける。②はその過程や結果を言語などで表現する。そして③では知的コミュニケーションをし、互いの考え方や気付きなどについて学び合い、深め合う。さらに④では③の結果をまとめ確認する。それが⑤の知識や技能、考え方、価値観などとして整理され、子どもの中に蓄積され、新しい①の解決に活用されるという循環になる。

18 スタートカリキュラム

幼小の接続「小1プロブレム」（小中の接続「中1ギャップ」、中高の接続「高1クライシス」も）が指摘されているが、具体的な取組はこれからである。幼稚園及び保育園の幼児期の教育と小学校教育の円滑な接続を実現することは、決して容易なことではないが、スタートカリキュラムを作成し、「遊びと生活を通して総合的・体験的に学ぶ幼児期のカリキュラム」と「各教科等の学習内容を系統的に学ぶ小学校のカリキュラム」をどのようにつないでいけばよいのか、近隣の幼稚園・保育園と小学校が協力・連携してその開発と実践を進める必要がある。

具体的には、「①スタートカリキュラムの必要性の理解」→「②スタートカリキュラムのデザイン・作成」→「③スタートカリキュラムの実践（生活科の活用、各教科の学習、安心した学校生活、環境構成）」→「④スタートカリキュラムのP（チーム学校として取り組む）D（全校で組織的に実践する）C（実際の子どもの姿を見て指導の在り方を確認・評価する）A（随時の振り返り、定期的な改善）」と、進めることが重要である。特に、小学校1学年1学期の学校生活や学習活動を見越した幼稚園・保育園の年長児の教育の進め方、幼稚園・保育園の年長児の保育の実態を考慮した小学校1学年1学期の教育の進め方を考えることがポイントになる。

19　働き方改革

　学校・教師が担うべき業務の「明確化」「役割分担」「適正化」を、次の諸点から検討し、国や教育委員会の方針と具体策と関連させて進めることが重要である。
○教師が「子供と向き合う時間の確保」をする。
○教師の業務であるが、負担軽減が可能な業務である。
○学校の業務だが、必ずしも教師は担う必要のない業務である。
○基本的には、学校以外が担う業務である。

20　Society5.0の時代

　人類は、狩猟社会（Society1.0）、農耕社会（Society2.0）、工業社会（Society3.0）を経て、現在の情報社会（Society4.0）に至っている。Society4.0では、①知識や情報が共有化されず各分野の連携が不十分で、②人間の能力に限界がありビッグデータから必要な情報の取り出しと分析に負担が、③年齢や障害などによる行動や労働に制約が、④少子高齢化や地方過疎化などの課題に制約があり、対応が困難であった。

　そこで、仮想空間（サイバー空間）と現実空間（フィジカル空間）を融合させることにより、経済発展と社会的課題の解決を両立させる「人間中心社会（Society5.0）」が考えられている。Society5.0の実現した社会では、IoTで全ての人とモノが繋がり、様々な知識と情報が共有され、これまでになかった新しい価値が生み出され、①〜④のような課題や困難を克服できるという。そして、経済発展と社会的課題の解決の両立した新たな社会の実現を目指していくことになる。

　そこで、そのような社会を創り、豊かに生きるためには、次のような人材育成を目指していくことが求められる。

○「全校種」で、基礎的な学力を確実に定着させ、他者と協働しつつ自ら勧化抜く自立した学びを十分にする必要がある。→そのために、「公正に個別最適化された学び」を実現する多様な学習の機会と場を提供する。　　★新学習指導要領の確実な習得
○「小中学校」で、Society5.0時代に求められる基礎的な力を確実に習得させる必要がある。→そのために、「基礎的読解力、数学的思考力など」の基盤となる学力や「情報活用能力」を全ての児童生徒に修得させる。
　　　　　　　　　　　　　　　　　　　　　★質の高い学力と情報活用能力の習得
○「高等学校卒業から社会人」では、学年にとらわれない多様な学びや、教育におけるSTEAM（Science、Technology、Engineering、Art、Mathematics）やデザイン思考が必要である。→そこで、文理分断からの脱却が必要である。
　　　　　　　　　　　　　　　　　　　　　　　　　★学校の指導体制の確立

第5章

人材育成

円滑な学校運営と充実した教育活動は、校長のリーダーシップと教職員の力量に負うところが大きい。ということは、チーム学校を構成し推進するために必要な人材育成が不可欠ということになる。

1　校長の学校経営の基本方針の周知

　人材育成の基盤として、校長の学校経営案を教職員に周知徹底し、「どのような学校づくり」を進め、「どのような子供を育てるか」即ち何ができるようにするか（知識・技能、見方・考え方）、何を学ぶか（指導内容）、どのように学ばせるか（指導方法、学習方法）、何が身に付いたか（学習評価）」について、十分理解させ、意識させる。

2　教育情報の提供

　潜在的能力のある人でも、学校教育に関する「知識・技能、考え方、方法など」を身に付けなければ、学校運営や教育活動にその能力を発揮することはできない。

　そこで、教職員に対し、学校運営や教育活動などに関する情報すなわち関係法規、中央教育審議会などの答申、文部科学省の「学習指導要領及び解説、通知、指導資料等」や教育委員会の「学校教育の目標や基本方針、指導要録など評価・評定、通知、指導資料等」を発信し、常備し、教職員がいつでも活用できるようにしておく。

　その他、雑誌、新聞、書籍、論文、実践事例などについては、管理職が鋭いアンテナを掲げて収集し、必要な情報を教職員に提供し、学びと活用を奨励することが肝要である。職員室の校長机上やコーナーを設置して、情報を整理していつでも閲覧できるようにしておく。また、校内LANを活用して提供する。さらに、賛同者を得て、情報収集や提供の協力者を広げていくことも可能である。

　現在は、パソコンやスマホで簡単に情報検索ができる時代である。しかし、もっともらしく体裁は繕っているものの曖昧なもの、間違ったもの、単なる自己主張などが少なくない。原典や出典で確認する必要がある。この情報の真偽について確認・検証する態度・行為が、情報収集・整理・活用の能力を高めることにもつながる。

3　ウロウロ経営

　校長として教職員に対し、定期的に指導・助言・指示することは勿論であるが、随時の指導・助言・指示も重要である。

　教職員も子供も目についた（見えやすい）ことは、その時その場で指導・助言・指示しやすいが、見えにくい面については、機会を逸し、手遅れになることがある。

　そこで、私は、「うろうろ経営」（「教育新聞」No.3273に紹介された）を励行した。校長が時間を見つけて校内をうろうろし、授業（教師の学級経営や指導ぶり、子どもの

学習状況など）をさりげなく観察したり、子供の雰囲気（基本的な生活習慣、コミュニケーション、いじめの兆しなど）、施設・設備、掲示や座席など教育・教室環境の様子を確認したりするのである。

校長室や職員室にいてはわからないことが、けっこうはっきり見えるものである。教師の指導方法に課題を見つけた時は、「いいところをまず褒めて自信を持たせ、もっとよくなるように事実に基づいて簡潔に指導する」ことを心掛けた。勿論、優れている教師を率直に褒めることは当然である。

生活指導、施設・設備や教育環境など、特に施設の瑕疵について気付いたことがあった時は、教頭や担当者に知らせ、迅速に判断し、即実行するようにした。教職員も子供も慣れて、校長がいつ、どこにいても気にしないようになると、うろうろ経営は自然体で進められ、一層効果を発揮できる。（注：うろうろ経営は、独創的なものと思っていたが「Wandering around management」という既存のものであった）

4 教職員とのコミュニケーション

校長・教頭は、教職員とのコミュニケーションそのものが、間接的な人材育成になる事柄が少なくないと思われる。教職員に指導・助言しようと、大上段に振りかぶらなくても、次のような機会を通じて、さりげなく指導・助言することができる。

○職員室の雑談、廊下の立ち話で、教職員の思いを知ったり、校長の願いをさりげなく伝えたりできる。

○「お金と恋以外のことなら何でも相談に乗る」と冗談を言いながら、教職員からの相談に応ずる。学級経営、学習指導、生活指導、同僚との関係、健康のこと等々、限界を承知で付き合うと、人材育成にそこそこ役立つ。

○教職員に対してだけに「報・連・相」を求めず校長から教職員に対して、逆「報・連・相」（情報を知らせたり、こんなこともあるよと連絡したり、時にはどうしたらよいものかと相談したり）をすることは、コミュニケーションを好ましいものにすること以上に学校をいい雰囲気にする効果がある。

○会議の提案や資料作成に際して、事前にさりげなく校長から声をかけたり、相談に乗ったりすることも、重要かつ効果的である。

○事前に下書きの段階で打診のある学級だより、生活指導だより、保健だより、給食だより等についても、まず良い部分を見つけ、認め、褒めた上で、よりよくなるように助言すると「自分は、受け止めて貰えた」と効果が上がり、進歩していく。

○週案についても、教員は義務として提出し、校長・教頭は仕事として点検する域を超えて、その学級、その行動、その教員の心意気に応えて、温かいコメントを心掛ける。そうすると、「コメント」を意識して、週案活用の質が高まり、学級経営や授

業づくりの向上につながっていくような気がする。異動した若手教員から「校長先生からコメントを記入してもらった週案は、私の宝物です」と言われ、感激したことを思い出す。

○通知表・指導要録などの記入に関しても、単なる間違いや誤記の点検にとどめてはならない。通知表や指導要録についても、Ａ４用紙１枚の前段に、全教員向けに共通のねぎらいの言葉を書き、後段に個々の教員向けにメッセージを付けて返すようにした。そのためには、日頃の指導や観察、支援など、実際の子供に即して丁寧な評価・評定を心がけるようになるとともに、ひいては教師が日常、子供に対して肯定的に関わる態度づくりとして好ましい影響を与えたように感じている。

5 チーム学校を実現する人材育成

よく、学校運営と教育活動の要（かなめ、キーパーソン）となるミドルリーダーの育成を如何に進めるかということが話題になる。

しかし、特効薬はなく、少しずつ粘り強く関わるしかない思われる。若手の頃からその時々に大事なことを指導されて育ってきた教員なら、いざという時に、少しの指導と手掛かりを与えれば順調に伸びていく。なお、職務や教職経験に応じて育成すべき資質・能力は、例えば以下のように考えられる。

便宜上の分類	必要な（育てたい）資質・能力など
○校長の経営力 　リーダーシップ 　カリキュラム・マネジメント 　結果の出せる経営力	・強力（≠強引）なリーダーシップ ・学校経営や教育活動の方針作成と周知 ・危機管理能力、情報活用力、発信力 ・先見力、交渉力、表現・説明力、実践力 ・人材育成、評価力、指導力
○副校長・教頭の運営力 　マネージャーシップ 　リーダーシップ 　結果の出せる運営力	・組織や人を動かす力、マネージャーシップ ・学校運営や教育活動の企画力、調整力 ・危機管理能力、情報活用力、事務処理能力 ・交渉力、実践力、表現力、発信力 ・人材育成、評価力、指導・助言・相談力
○主幹・主任の企画・調整・指導力 　結果の出せる企画立案・実行力 　★ミドルリーダーとして特に必要	・学校運営や教育活動の企画立案力、調整力 ・組織や人に働きかける・動かす・統率力 ・危機管理能力、情報活用力、事務処理能力 ・交渉力、実践力、表現力、発信力、評価力 ・若手への指導・助言・支援・相談力

○教師の学級経営力・生活指導力 ○教師の授業力 　子供を進歩させる指導力 ★「今、こんな教師が求められている」 　→72頁の表-6 　　73頁の表-7	・教養・良識、使命感、子供への愛情・相談 ・集団指導力、人間関係構成力、生活指導力 ・学級経営、授業力、評価力、教材分析力 ・学級の危機管理能力、人権感覚 ・学び合う態度、研修・研究意欲 ・情報活用力、発信力、交渉力、実行力 ①若手教員の基礎・基本の習得 ②中堅教師の得意技（専門性）の向上 ③ベテラン教員のリニューアル
○専門スタッフの指導力 　子供に応じた指導・対応・相談	・専門的能力・指導力の発揮 ・教職員との協力・協働・連携力 ・子供や保護者との関係づくり ・情報活用力、指導・助言・相談力 ・実行力、交渉力、人権感覚
○職員の職務遂行能力 　役割と責任の誠実な遂行	・専門知識・技能、正確な職務遂行能力 ・管理職や教職員との協力・協働・連携力 ・子供への適切なかかわり、安全の危機管理 ・保護者や地域などへの好ましい接客・対応
●子供の生きる力・人間力 「意欲的に学び、前向きに生きる子供」を育てるために	・基本的な生活習慣、規範意識、きまり ・豊かな心、マナー、挨拶、生き方 ・人権、いじめ、思いやり・協力・親切 ・人間関係、コミュニケーション能力 ・学力・AL、学習意欲、学習規律・学習習慣 ・健康と体力、飲酒・喫煙・薬物乱用
●保護者・地域の教育力 「保護者・地域などの理解・協力・支援」の向上のために	・子供への愛情、衣食住への充足 ・規則正しい生活、健康・体力の管理 ・躾、きまり・ルール・約束、善悪の判断 ・社会体験・社会参加、人間関係 ・思いやり、協力・協働　勤労

6　子供にとって好ましい教師像

　小学校教諭16年間、校長7年間、指導主事8年間、主任指導主事3年間、課長2年間、所長2年間の経験から「子供にとって好ましい教師像」を、次頁の表-6のように整理してみた。その後、校長7年間の中で検証したが、概ね妥当であった。

表-6　信頼される教師像

1　慕われ信頼される教師

（1）危機管理のできる教師

①怪我、病気（持病、食物アレルギーなど）に、適切な指導・対応ができる。★安全

②災害に対する指導・訓練、実際の行動がとれる。★安全

③いじめ、不登校、人権（差別）等に、適切な指導・対応ができる。★安心・安定

（2）魅力のある教師

①授業の分かりやすい先生。　　　②ユーモアのある先生。

③どの子にも公平である先生。　　④悩みごとを一緒に考えてくれる先生。

⑤厳しいけれどやさしい先生。　　⑥自分の間違いを認め、謝ることのできる先生。

（3）子供の側に立つ教師

①同じ人間として、子供の高さで、子供の目線で見て、それを教師の高さや教師の目線で見直して指導できる。

②教師目線の「困った子供」ではなく、子供の側に立って「困っている子供」と見て、その困っていることを改善するために相談・指導・支援できる。

2　分かる楽しい授業を求め続ける教師

（1）分かる楽しさ、できた喜び・嬉しさを体験させる。

（2）課題、教材、問題発見・解決学習、体験活動などで、学習意欲を起こさせる。

（3）指導と評価の一体化で、つまずきや失敗の克服体験をさせ自信を持たせる。

（4）問題発見・解決学習、体験活動により自力で苦労してわかった体験を持たせる。

（5）「学び続ける教師」が、「学び続ける子供」を育てる。

3　肯定的評価のできる教師

①子供も大人も、今ある自分を認められることによって、自信を持ち、明日へのよりよい生き方を求めるものである。子供は、特にこの傾向が特に強い。

②できるようになったこと、頑張ったこと、みんなのために協力したこと、親切にしたことなど、子供ができるようになったこと、よさ、進歩や努力を認め、褒め、自信を持たせることが大切である。その上で、もっとよくなるために、つまずきなどを意識させ、それを乗り越えさせようと注文（指導・助言・支援していくこと）が大切である。

③どの子供も「伸びる資質」を持ち、「伸びたい」という意欲があり、それは「実現できる」ものであると確信して、評価法も加点法（肯定的評価）で進める。

④子供を伸ばすことのできる教師は、子供の良い点、進歩や努力、可能性を見つけることができ、それを大きく評価し、子供の生き方に方向付けのできる教師である。

4　常識・良識のある行動の取れる教師

（1）社会で通用する常識を身に付け、実行している。

（2）良識のある言動をとっている。

（3）子供の声、同僚の声、保護者や地域住民の声に耳を傾けられる。

（4）クレームや苦情には、「困った親」ではなく「困っている親」という見方で、保護者に対応する。そして、共に子供の教育について考え、共に協力する。

（5）趣味を持ち、包容力、柔軟性がある。

5　学級・学年経営を大切にできる教師

（1）教師と子供、子供と子供の人間関係を大切にして、いじめを出さない、許さない学級にする。

（2）誰もが認められ、助け合い、思いやりのある温かい人間関係の学級にする。

（3）元気で明るい楽しい学級にする。

　また、子供理解、生徒指導、集団指導、学級づくり、学習指導、教材研究、授業づくり、評価などについて、全部または必要に応じて一部を、4段階で自己評価させ、時々振り返るようにすると効果的である。

<教師の4段階の自己評価表>

表-7　自己評価チェックリスト（4大変よい、3よい、2十分でない、1不十分）

項目	自己評価の内容	自己評価
子供理解	①子供一人一人の行動や性格が概ねつかめている。	4 3 2 1
	②子供一人一人の学習の得意不得意が概ねつかめている。	4 3 2 1
	③子供一人一人に日頃から声をかけている。	4 3 2 1
	④子供の表情を見て悩みごとなどがあるか概ね読み取れる。	4 3 2 1
	⑤子供から悩みごとの相談を受けることがある。	4 3 2 1
生活指導	①駄目なことは駄目と、きちんと指導している。	4 3 2 1
	②善悪の判断と、その実行を指導している。	4 3 2 1
	③挨拶、言葉遣い、きまりなど基本的生活習慣を徹底している。	4 3 2 1
	④忘れ物、準備、片付け、整理などの指導をしている。	4 3 2 1
	⑤教育相談的な関わりを重視している。	4 3 2 1
	⑥注意されたことを誠実に受け止めるよう指導している。	4 3 2 1
	⑦仕事、働くこと、生き方についての指導をしている。	4 3 2 1
	⑧自分の良い所、課題、必要なことなどを考えさせている。	4 3 2 1
	⑨家族、友人、仲間との関係について考えさせている。	4 3 2 1
	⑩した方がよいことも、するように指導している。	4 3 2 1

集団指導	①集団のルール、マナーの指導をしている。	4 3 2 1
	②人権侵害、いじめの指導と対応をきちんと行っている。	4 3 2 1
	③けんかやトラブルの指導と、仲直りの仕方を指導している。	4 3 2 1
	④友達とのお喋り、集団遊びを奨励している。	4 3 2 1
	⑤集合、開始、人の話をよく聞く指導をしている。	4 3 2 1
	⑥親切・助け合い、思いやり、協力などの行動を奨励している。	4 3 2 1
	⑦自己主張ができ、相手の言い分も聞くよう指導している。	4 3 2 1
	⑧困っている人、悩んでいる人の手助けを奨励している。	4 3 2 1
	⑨ボランティア活動、環境保護、福祉活動などを奨励している。	4 3 2 1
	⑩友達との付き合い方、人間関係について指導している。	4 3 2 1
学級づくり	①学級経営案を作成し、子供や保護者に説明している。	4 3 2 1
	②学級の目標を設定し、子供に説明し、指導している。	4 3 2 1
	③自分の学級には人権侵害やいじめ、不登校がない。	4 3 2 1
	④きまりを守り、学級は落ち着いている（学級崩壊はない）。	4 3 2 1
	⑤子供と子供の人間関係は、しっくりいっている。	4 3 2 1
	⑥子供と担任の関係はうまくいっている。	4 3 2 1
	⑦保護者と担任の関係はうまくいっている。	4 3 2 1
	⑧けんかやトラブルがあった時、話合いで解決できている。	4 3 2 1
	⑨係り・当番、委員会活動などは協力的に進んでいる。	4 3 2 1
	⑩子供や保護者の悩みや相談に丁寧に応じている。	4 3 2 1
授業づくり・学習指導	①問題（課題）を理解させる段階を丁寧にしている。	4 3 2 1
	②既習事項を活用して考え、解決することを奨励している。	4 3 2 1
	③解決の見通しを立て、自分で解決する事を奨励している。	4 3 2 1
	④自力解決の段階で、つまずいている・分からない子供に、きめ細かい支援の手立てを講じている。	4 3 2 1
	⑤個に応じた支援をするため様々な手立てを身に付けている。	4 3 2 1
	⑥自分の考えや仕方などをノートに書くことを奨励している。	4 3 2 1
	⑦考え方や仕方の根拠（理由）を書くよう奨励している。	4 3 2 1
	⑧ペアやグループで話し合う活動を取り入れている。	4 3 2 1
	⑨全体で学び合う活動を取り入れている。	4 3 2 1
	⑩「学習のまとめ（知識・技能、考え方など）」をしている。	4 3 2 1
	⑪授業の終わりで、なるべく「学習のまとめ」を活用する「あてはめ問題（課題）」をさせ、確認している。	4 3 2 1
	⑫ICTの活用、板書、発問・指示、掲示物など工夫している。	4 3 2 1
	⑬学習規律、学習習慣が徹底している（授業崩壊していない）。	4 3 2 1

教材研究	①学習指導要領及び解説を活用して研究している。	4 3 2 1
	②教育書、雑誌、実践例などを読み、参考にしている。	4 3 2 1
	③単元の指導内容に関する専門的なことが概ね分かる。	4 3 2 1
	④単元の目標及び観点別評価規準が適切に設定できる。	4 3 2 1
	⑤単元の指導計画・評価計画が適切に作成できる。	4 3 2 1
	⑥本時の展開案（目標、指導段階、学習活動・発問、評価基準、主な反応とそれに対する支援の手立て、学び合い、学習のまとめ、あてはめ問題など展開、板書計画など）を作成できる。	4 3 2 1
	⑦教材づくり、授業の準備を行っている。	4 3 2 1
	⑧全体、グループ、ペア、個人など学習形態を工夫している。	4 3 2 1
	⑨1C1T、TT方式の特性を生かした授業を行っている。	4 3 2 1
	⑩少人数指導の特性を生かした授業を行っている。	4 3 2 1
	⑪習熟度別指導の特性を生かした授業を行っている。	4 3 2 1
	⑫同僚・先輩の授業参観、研究授業の観察から学んでいる。	4 3 2 1
評価	①評価規準と評価基準の違いが分かり、適切に使っている。	4 3 2 1
	②評価と評定の違いが分かり、適切に活用できる。	4 3 2 1
	③評定と観点別評価の違いが分かり、適切に活用している。	4 3 2 1
	④分割点（カッティングポイント）と評価指標（ルーブリック）の違いが分かり適切に活用している。	4 3 2 1
	⑤ポートフォリオ評価とパフォーマンス評価の特性が分かり活用している。	4 3 2 1
	⑥授業の中の「指導と評価と支援の一体化」が分かり、子ども一人一人に応じた評価と支援を実施している。	4 3 2 1
	⑦子供のよい所、工夫したこと、進歩したこと、頑張ったことを見つけ、褒め、自信を持たせる肯定的評価をしている。	4 3 2 1
	⑧授業中の観察、ノート、作品やレポートなどを分析して子供の反応を捉え評価している。	4 3 2 1
	⑨ノート作品、レポートなどに適切なコメントが書ける。	4 3 2 1
	⑩通知表や指導要録の評価、所見を適切に記入している。	4 3 2 1
	⑪公正・公平、客観性、信頼性のある評価を心掛けている。	4 3 2 1

7 全教職員が参画・参加するチーム学校

　学校運営や教育活動に、全教職員が意欲的に、積極的に、当事者意識をもって参画・参加するためには、それなりの工夫がいる。ある研修会での講師尾木和英氏から学んだ工夫のポイントを、かなりの効果があったので紹介する。

---

① 〈学校への信頼〉校長は、教育委員会や保護者・地域などから学校が信頼されるように努力し、教職員に「この子供たちのためなら」「この学校をもっと良くしたい」「この子供たち（この学校）のために」頑張りたいと思うようにする。

② 〈役割の自覚〉教職員に何をすればよいかを分からせ、こういうことができる、このようなことに役立てると、具体的に把握させる。

③ 〈参加意欲の刺激〉校長の学校経営の基本方針を明確に示し、このような構想なら、こういう計画なら、「自分も参加してやってみたい」と前向きにさせる。

④ 〈校長への信頼〉この校長となら、この人たち（仲間）となら、「一緒にやっていきたい」と、学校の雰囲気を明るく、元気に、前向きにする。

---

❶ 〈ラダー効果〉教職員のしていることに価値付けをして、認め、ついでに少し上の目標を示して、やる気にさせる。

❷ 〈オプション効果〉全てを指示するのではなく、教職員が自分で考えたり、自己選択したりできる「選択と自由裁量」の余地を残しておく。

❸ 〈サンクス効果〉教職員のしたことが「役立った」と、感謝し、認め、評価する。

❹ 〈スポットライト効果〉学校運営や教育活動に貢献したことを認め、教職員にそのことを紹介し、褒める。

---

① 〈マイル標石（Milestone）法〉目標と実現の道程（プロセス）を示す。そして、いくつかの中間目標を設定し、小さな目標を達成した満足感を味わわせ、次への挑戦意欲を刺激する。

② 〈振り返り（feedback）法〉目標の達成を目指す際に、中間目標で、取り組み方や成果を確認・評価して、それを踏まえて、次の中間目標に向かわせる。達成すべき目標に対して、「実現しつつあると思い込んでいる自分」と「実は実現できていないのではと、不安になっている自分」とのギャップに気付かせることがポイントになる。

③ 〈役割演技（Role-Playing）法〉「あなたが〇〇だったらどう考える（どうする）？」と、校長や教頭、他の分掌の立場、子供の立場、保護者などの立場に立って考えさせてみる。視点や取り組み方が変わり、よりよい発想が生まれ、物事の本質が分かって、「よりよい実行に向けたやる気」につながっていく。

④〈知識（Knowledge）法〉専門家や経験者から指導・助言を受け、新しい知識・技能や考え方を理解することによって、遂行能力や意欲が高まり、「どうしたらよいかわからない」と迷っている消極的な態度を払拭することができる。

8 校内研究へのリーダーシップ及び運営と共有化

　ほとんどの小・中学校が校内研究に取り組み、今や外国で「ケンキュウジュギョウ」がそのまま通じる時代である。自校の子供のよい所が一層よくなっていく。子供の課題が改善されいく。自校の教育課題が解決し、それが学校運営や教育活動の改善・工夫に反映している。このような実質的な校内研究が重要で、世間から注目されるような「高邁な研究は必要ない」というくらいに校長や副校長・教頭は考え、リーダーシップを発揮したい。そのためには、次の事柄を念頭に校内研究を進めるようにしたい。

テーマ・内容	①テーマは、自校の子供の実態をよりよくしていくもの、教育課題を解決・改善するもの、新しく取り入れたいもの事柄に設定する。 ②内容は、①をよりよくしていくことや、課題を解決するために、具体的に焦点化する。
運営	①テーマと内容を分析し、工夫すること、改善すること、提案することを明確にし、授業や実践を通して追究・研究し、検証する。 ②事前の指導案（問題解決学習や主体的・対話的で深い学び、提案事項、教材や展開案、指導と評価の一体化など）等の検討を協働して進める。 ③授業案と提案事項は、数日前に配布し、予習をしてから授業研究に臨む。 ④当日は、提案事項を中心に子供の学習状況や変容、教師の指導ぶりを観察する。 ⑤協議会は、提案事項を中心に、観察した事実に基づいて進める。その際、単なる感想やありきたりの質問を超えて、よい点の確認、課題と原因と改善策、新たな提案など、生産的・創造的に進める。 ⑥教師には、事前に指導案と提案事項を連絡し、そのことに焦点化して、指導・助言を受けるようにする。
共有化	①協議会の内容を整理し、それを、例えば「校内研究だより」として発行し、共有化する。 ②協議会の内容を日常の授業に生かすようにするとともに、次の研究授業ではそれを踏まえたものになるよう努める。

9 「自己申告書」の適切な実施と活用

　人事考課の一環として「自己申告書」の適切な実施と活用が大切である。多くの教育委員会が、記入の仕方から面接の仕方、授業観察と指導・助言、中間評価と総括評価の進め方などについて、詳細な指導資料を作成しているので、それを活用するようにしたい。年度当初、教頭に指示して、自己申告書の記入の仕方を例示し、趣旨に合った記入と活用ができるようにさせる。

　教員には、「申告したこと（何を向上させたいのか、何を改善したいのか、何を新しく身に付けたいのか）」「どのように達成するか、その具体的な方法」「達成状況をどう確認するのか」を、明確にし、自覚させるようにする。

　その上で、校長や教頭は、面談、観察に基づく指導・助言、随時の相談に応ずるなどの機会を捉え、「実現しつつある状況（停滞、行き詰まりの状況）」「実現に向けての実際の行動」「自己評価と改善・修正の状況」に対して、具体的に指導・助言・支援していくようにする。なお、自己申告を活用して人事考課の評価資料にする場合も、絶対評価で行うことは当然であるが、校長の指導・助言に対してどのように向き合い改善したかということも重視し加味したい。

10 校長の自己研修・研究

　少数の超ベテランを除けば、一般的に、校長は学校の最高責任者として、緒に就いたばかりであるとの謙虚な自覚が必要である。

　校長は極めて多忙であるが、努めて、教育委員会主催研修、校長会主催研修、民間研究団体の研修、自主的サークル主催研修などの機会を自ら得て、学校経営や教育活動、教育課題、社会や世界の動き、人間としての在り方や生き方等々について、必要な研修を続けるよう心がけ、実行したい。

　また、教職員より常に一歩進んだ研修をして、校内研究に先見性のあるリーダーシップを発揮したい。「学ぶ教師が、学ぶ子供を育てることができる」という経験則に基づいた真実は、「学ぶ校長が、学ぶ教職員を育てることができる」にそのまま当てはまるのである。

第6章

学校運営のPDCA

校長は、教職員に対して、学校運営に関するPDCAの道筋を具体的に示し、それに即して分かりやすく進めていくことが求められる。

1 簡潔・簡便なPDCA

　時間的経過はやや曖昧であるが、拙い体験を基に、50余年にわたるPDCAに関わることを振り返ってみる。

(1) PDSとの出会い

　PDSと最初に出合ったのは学生時代（昭和37年頃）の渡辺孝三先生の学校教育法の講義（『学校管理法』高陵社書店）であった。P（計画）D（実行）S（評価・改善）という意味である、渡辺先生は「企業ではPDSという考えで、経営を管理している。学校もそうあるべきだ」と、最先端の考えを熱っぽく語っていた。

　初任として赴任した荒川区立第一峡田小学校長西田キミ先生は、「東京都教育委員会・学校評価基準（小学校編）昭和40年3月」の作成協力者で、職員会議で指導を受けた。教育課程は「編成の方針」「組織と手順」「授業時数の配当」「検討と改善」、各教科は「指導計画」「指導の準備」「指導の方法」「学習環境」「教材・教具」「成果と改善」、研修は「計画」「実施と運営」「成果」から評価するとしていた。かなり早くからPDSサイクルの発想が取り入れられていた。しかし、実際は、年度末反省を校務分掌ごとにする程度で、PDSサイクルは定着していなかった。

　昭和56年に、東京都教育委員会が、小・中学校別の「学校評価評価基準」を示した。この評価基準は、教育活動の「計画」「指導」「評価」、予算等の「編成」「執行」「監査」と、やや曖昧さはあるものの概ねPDSを取り入れたものに改善された。

　さらに、年を経て平成5年10月、「学校評価基準」はさらに改善され、おおよそ下表のような構造になった。PDSを意識する一方で、評価の視点「児童」「教職員」「保護者・地域」の導入が注目され、現在でも継承されている。年度途中の中間評価という発想もあり、かなりの学校が1・2学期末、あるいは10月時点で行っていた。

		児童との係わり	教職員との係わり	家庭・地域との係わり
計画	P			
指導・実施	D			
教材教具の活用	D			
施設設備の活用	D			
評価・改善	S			

(2) PDCAへの進化

① PDCA

　東京都立多摩教育研究所に勤務した平成7年頃、目標を高い水準で達成するために

は、P（計画）D（実行）C（評価）A（改善）サイクルの確立が大事だということで、企業では経営のPDCAを当たり前のように行うようになった。これが、「教育課程のPDCAサイクル」として、学校現場に普及していった。

しかし、P（計画）は年度当初、その後D（実行）を行い、年度末にC（評価）とA（改善）をまとめて行うという「従来の年度末に一括して評価する体質」に大きな変化は現れなかった。もちろん、中間評価ということで、2回（1・2学期末）あるいは1回（10月時点）行っている学校も少なからずあった。

② PDCG

ある企業の人と雑談する中で、企業はPDCAサイクルでなく、今やＰＤＣＧだという主張を聞いたことがある。その真意は、PDCAという悠長なことでは、変化の激しい時代には対応しきれない。ショートサイクルでPlan（計画）・Do（実行）・Check（点検・評価）・Go（即改善）が必要だと聞かされ妙に納得したことを記憶している。実際には普及しなかったが、発想は素晴らしいと今でも思っている。

③ 再びPDCA

そして、今や学校経営のPDCA、教育課程のPDCAサイクル、～～のPDCAなどとすっかり定着した感がある。しかし、本当にPDCAの発想が生かされているかどうかは今後、確認し、改善し、実用化していかなければならないようにも感ずる。

余談であるが、平成15年頃、台北市の淡交大学に招かれて、教育学部の学生に数学教育の講義をする機会があった。その中でPDCAについて触れた時、「それはどういうことか？」と質問が殺到し、和製英語（？）の一つで、まだ一般化されていないのだと知らされた。

（3）RPDCAやCAPDの提案

ところで、最近、「RPDCAにすべきだ」とか、Cから始めて「CAPDにすべきだ」という主張を聞くことがある。また、PDSに戻すべきとの意見さえもある。

① RPDCA

物事を計画するためには、それ相応の情報収集や調査研究が必要である。だから、PDCAの前に、R（research リサーチ）が必要で、「RPDCAとすべきだ」という主張である。その通りである。

しかし、従来から「P」のために、その前提として必要な情報収集や調査研究は行われていて、当然のことになっている。「屋上屋を架す」であると思う。緻密な理論に基づくことは必要であるが、実用の世界では物事の仕組みをあまり複雑にしない方がよい。よって、今後も、RはCAの中で行っているし、Pの段階で情報収集などを行っているので、PDCAを基本としていくことでよいと考える。

② CAPD

また、もう1つは、点検・評価（C）をし、改善（A）をして、それが計画（P）に、そして実施（D）へとつながっていくべきだという主張である。PDと進んだらその先にCAがあり、このCAがPの基になっているのだという趣旨は、よく分かる。

　しかし、もともとPDCAサイクルであるから、P・D・C・A・P・D・C・A・P・D・C・A……と連続しているのである。したがって、C・A・P・Dとなっている部分は当然ある。一見もっともらしいが、学校は年度当初Pを確認し、D・C・Aと進めていくことに素直に従った方がよいように思う。

③PDSへ戻すべき

　また、PDSに戻すべきだとの主張には、PDSの「S」が、既に「C―A（評価し、それを基に改善する）」に置き換わり、PDCAが理解され、実際に実施され、定着しているので、PDCAサイクルのままでいいように考える。PDS発祥のいきさつは別として、今や進化した「P計画→D実施→C評価→A改善」は、実に簡潔・明解で実用的である。

2　目標実現のPDCA

　学校運営の目標や基本方針は、やはりPDCAサイクルで進めていくことがポイントになる。校長として学校運営も、P（目標・方針と見通しと計画）、D（実行）、C（確認・評価）、A（よりよく工夫・改善）のサイクルで進めていくことが大切である。

　その際、校長の手帳の中だけのPDCAとするのではなく、次のように、PDCAの各段階を教職員に「見える化」して、学校運営への参画・参加意欲を促し、実際に参画・参加させるようにしていく。

○P①：学校運営の目標や基本方針を策定する際に、素案の段階で、教職員に公表し、意見や感想などを求める。
○P②：教職員の建設的な意見等を取入れ、目標や基本方針の案を作成する。
○P③：案の作成段階で、教職員に周知徹底し、意見等を求め、必要な修正をする。
○D：基本方針を実施・実行していく場合は、校長自身だけでなく、教職員にも適時・適切に、指導・助言・指示をする。
○C①：途中の確認や評価をきめ細かく行い、進捗状況を捉えるようにする。教職員の参画・参加のよい点や協力・協働を認め、褒めるようにする。
○C②：教職員からも様々な情報を提供して貰い、評価資料に加え、成果を評価する。
○A：評価結果を分析・考察し、改善・工夫に結び付ける。

3　PDCAサイクルの大小

　学校運営や教育活動については、PDCAサイクルは、様々な場合を想定し、きめ細

かく行っていく必要がある。目標や内容に応じて行うことが原則であるが、あまり神経質にならず、事柄によってサイクルの長さが「1年間」「1学期間」「1か月間」「1週間」「1日間」と大小（長短）のあることを、心に留めておきたい。

その際、校長として、自身の学校運営を自己評価し、その都度、工夫・改善していくようにする。教職員の教育活動への取組、学校運営への参加状況などについても、下表のような視点に立って把握し、必要な指導・指示をしていくことが求められる。

1年間	年度当初P　　　年度途中D　　　年度末C　　　年度末A ★例えば、学校の組織編成、人事構想、校務分掌、教育課程の編成や指導計画の作成とこれに基づく教育活動、予算編成と収支決算など
1学期	1学期のPDCA　　　2学期のPDCA　　　3学期のPDCA ★例えば、学校運営協議会、防災訓練、教育活動・学習評価、学校評価・中間評価、自己申告関係、物品管理、施設・設備の管理など
1か月	4～8月のPDCA　　　9～12月のPDCA　　　1～3月のPDCA ★例えば、学年・学級経営、学習指導、生活指導、予算執行、学校行事、学校便り・給食便りなど学校情報の公開など
1週間	1週間ごとのPDCA（4～12月、1～3月毎週繰り返される） ★例えば、学習指導、週案、保護者や地域との関係、授業時数の確保など
1日	毎日のPDCA（4月当初から3月年度末まで、毎日繰り返される） ★例えば、生命・いじめ・人権の危機管理、施設・設備の瑕疵の点検など

4　無理のないCAの実施

校長としての自己評価については、いかに厳しいものであってもそれはそれでいいと思う。しかし、教職員の教育活動や学校運営については、無理のない「C」「A」を実施して、実際的に進めていくことが肝要である。

そこで、以下のようにして、校長の評価の視点を示し、校長の評価とともに、教職員の自己評価を促し、それに伴う改善を可能にするCAを進めるようにしたい。

つまり、校長による「C：評価」と「A：改善」の指導・指示と、教職員自身による「C：自己評価」「A：自己評価に伴う自発的な改善」を、無理なく進めたい。

そのためには、概ね次のようにして、「期待している目標の達成水準」「評価の視点」「実施する期日」を、あらかじめ予告し、意識させ、「C：自己評価」「A：自己評価に伴う自発的な改善」を、暗に誘導するのである。これは、「一方的な評価」や「やらされた改善」の雰囲気を和らげ、けっこう円滑に進むようである。

（1）校務分掌の評価と指導

学校運営を支える校務分掌の処理は、見えにくい上に、意欲の管理が難しい。そこ

で、例えば、下記のようにして、「何を」「いつまでに」「どのように」するか、事前に公表して、自己評価を取り入れた方法を行った。

① 〈評価の内容と期日〉例えば、今週末に、校務分掌への参加の様子を、週案のメモ欄に、簡潔に報告してもらいます。 ★質問・疑問などのある人は、いつでも校長に声をかけてください。
② 〈評価の方法〉週案に記入したことと、校長の日頃の観察とを合わせて、校務分掌の処理についても評価します。
③ 〈評価結果の連絡〉評価結果は、週案に、簡潔にコメントします。 ★肯定的評価を複数して、さらによりよくするために少しの注文を付ける。

（２）学級経営などについての評価と指導

また、学年・学級経営やいじめなどの評価と指導についても、以下のようにして、日頃の校長の観察と、教員の自己評価とを関連させて実施した。

このことは、「評価される」という受け身、また、「何か言われるのではないか」という忌避の感情を教職員から払拭でき、かなり効果があった。

① 〈評価の期日〉学級経営といじめについて、今月どのように実施したか、その状況をＡ４用紙１枚のレポートにまとめ、今週の週案に添付して提出してもらいます。
② 〈評価の内容〉内容は、どのような課題があり、どう解決したかを中心にする。校長に、既に相談したことも含めてもらいます。今後どのようにするかを考えている人は、それも付け加えて書いてください。 ★質問・疑問などのある人は、いつでも校長に声をかけてください。
③ 〈評価の仕方〉提出したレポートの内容と、校長の観察を合わせて評価します。
④ 〈評価結果の連絡〉評価結果は提出したＡ４の用紙にコメントを付けて返します。

コメントを記入して返すだけでなく、必要に応じて、直接面談し、状況を詳しく聞いて一緒に解決策を考えたり指示したりした。勿論、よい実践や優れた工夫、意欲的に課題を解決しようとして取り組んでいることは、直接本人に伝える機会をつくるようにした。

厳しい指摘や注意・指導も必要であるが、このような自覚を促す指導・対応も効果的であることを実感した。ただし、教員の中には若干名の「上手に作文をする者」もいて、最初の頃はうっかり信じてしまう失敗もあった。

第7章

学校の危機管理

学校は、子供にとって、安全、安心、安定した生活と学習の場でなければならない。「危機管理」という視点から学校運営と教育活動の全体を見渡し、確実性の高い方策を具体的に講じていくことが求められる。

1 学校の危機管理

（1）学校の危機管理の3つの視点

一般的に、危機管理は、次の①②③の視点から考え、計画し、実行し、評価し、改善していくことがポイントになる。学校の危機管理も例外ではない。

①予防と回避

危機は前触れもなく突然に襲ってくるものだと言われる。だが、アメリカの「ハインリッヒの法則」では、統計的な分析をもとにして「1つの重大な事故や災害の裏には、29の軽いものがあり、その下には300ものヒヤリハットする些細なことが起きている」と、警鐘を鳴らしている。

最近のアメリカのフランコ・ハードの研究「ハードの法則」では、重大事故、軽度の事故、物損、ヒヤリハットの比は、1：10：30：600とも言われている。

いずれにしても、アンテナを張り巡らせ、危機の感覚を鋭くして、予兆を見つけ、対策を講じていくことが求められる。「起きたら」ではなく、「必ず起きる」との認識で、「起きる予兆」を捉えようとする危機意識が重要なのである。

そこで、危機を予測し、予防・回避する対策を行い、必要な指導や訓練を行うリスク・マネジメント（Risk management）を進めるようにする。学校（教職員や児童生徒）だけでなく、保護者・地域住民、諸機関との協力・連携が必要となる。

②被害最小化対応と回復

危機は必ずやってくる。実際に危機が発生したときは、①の計画や対策に基づいて、被害を最小化することが優先される。クライシス・マネジメント（Crisis management）の視点に立ち、生命の安全確保が最優先に被害の最小化対策を進める。さらに引き続いて、回復策を講じることになる。

校長の適切な判断とリーダーシップの発揮と、教職員の適切・迅速な行動いかんで、児童生徒の生命の安全確保が左右されることは、これまでの多くの事例が示している。

③再発防止

被害最小化の対応で児童生徒の安全が確保でき、その後の回復が進んだ段階で、①②の一連の対応の過程及び結果を総括し、ナレッジ・マネジメント（Knowledge management）の視点に立って、教訓をあぶりだし、再発防止策を検討して、①を一層充実していくことが肝要である。危機管理は、できるだけ合理的・科学的に進める必要はあるが、過去の経験を教訓として得られた体験知もまた貴重である。

（2）学校の危機管理の概要

　学校の危機管理は、児童生徒の生命身体の安全確保を最優先するべきであることは当然のことである。

　しかし、学校の責務は、憲法や教育基本法、学校教育法等に規定された教育目標や指導内容に基づき、質の高い教育を保障することにある。例えば、表4の視点2～8からも危機管理を検討し、実施していくことが肝要である。

表－4　学校の危機管理の概要

1	生命	○けが　○急病・持病　○授業中・校外学習の事故 ○水泳指導中の事故　○休み時間・清掃時の事故 ○給食時の事故・食物アレルギー対応　○不審者対策 ○登下校中の事故　○安全・防災教育　○避難訓練
2	情報	○情報の収集・活用・管理　○個人情報の保護 ○学校の内規　○学校情報の公表　○情報モラル ○外部からの問い合わせ・対応　○保護者との協力 ○スマホ＆ネット　○学校評価の結果の公表
3	人権	○教師の人権感覚　○言語環境　○人間関係 ○互いの尊重　○キャリア教育（進路指導）　○基礎学力の保障 ○いじめの指導と対応　○体罰　○授業中の人権尊重
4	生徒指導	○基本的な生活習慣　○いじめの指導と対応 ○子供のトラブル　○規範意識・遵法 ○ルール、マナー、心遣い（エチケット） ○してはならぬこと、すべきこと、したほうがよいこと ○親切・ボランティア　○飲酒・喫煙・薬物の指導と対応
5	教育課程①	○全体計画、指導計画・評価計画　○実施計画　○環境整備 ○質の高い学力　○豊かな心　○健やかな体 ○学ぶ楽しさ・学習意欲・学びに向かう力　○読書好き ○考える子供　○学び合い（Dialog & Discussion） ○資質・能力（知識・技能、思考力・判断力・表現力等、学びに向かう力・人間性等）　○道徳科　○小学校外国語活動・英語科 ○主体的・対話的で深い学び（≒ Active Learning 能動的学習、深層学習） ○ESD　○キャリア教育　○プログラミング教育

5	教育課程②	○時数の確保　○学級崩壊・授業崩壊　○教師の指導力の向上 ○肯定的評価　○指導と評価の一体化　○校内研究・研修 ○指導体制（TT、少人数指導、習熟度別指導）　○学習形態 ○自己肯定感・自己有用感　○自己評価・メタ認知 ○地域の人的・物的資源の活用
6	保護者連携	○クレーム&建設的意見　○保護者・地域との連携 ○子供の貧困 ○保護者と教師の共通目的の確認　○いじめ・不登校
7	教職員の服務	○服務管理の原則（4管理・2監督、地公法第6節） ○指導と厳格な対応　○子供と保護者は聖域
8	学校運営	○教育目標の実現　○チーム学校 ○校務分掌の組織的協働　○教職員の意欲 ○学級経営　○学校運営のPDCA 特にCA ○保護者・地域等との相互理解・協力・連携

2　学校の危機管理10のポイント

（1）ポイント1：生命の危機管理

　元気に登校した子供が、元気な顔で下校・帰宅することは、当たり前のことである。そして、このことは全ての事柄に優先し、これ以上重要なことはない。対応マニュアルを作成し、教職員に周知・徹底し、適切・迅速に行動できるようにしておく。

　また、急病やけがの対応の仕方、AEDの扱い方、人工呼吸の仕方、エピペンの使い方、救急車の要請などについて、関係機関の協力・指導を得て、教職員の研修を定期的に行い的確に実行できるようにしておく必要がある。

①子供のけがへの対応の基本

　まず、子供がけがをしないよう指導・配慮することが重要である。万一、子供がけがをした場合には、次のことを原則に迅速に対応する。

　「大声で近くの者を呼ぶ」→「けがの状況を見て、救急車を要請するか、校医又は近くの病院で治療してもらうか、保健室で手当てをするか判断する。特に首から上や関節などの場合は、素人判断をせず、医師の診断を受け専門医の指示に従う」→「★大けがの場合は、一人が応急処置をし、もう一人が救急車を要請する。一人はそのまま子供の世話を続け、もう一人は保護者や管理職への連絡に当たる」→「★校医や近隣の病院で治療してもらう場合は、保健室に連れて行き、養護教諭に応急処置をさせる。その後、校医又は近くの病院へ連れて行き治療を受けさせる。保護者や管理職に連絡する」→「★保健室で手当てをする場合は、養護教諭が必要な処置をする。その後、

速やかに保護者に連絡し、管理職にも報告する」。

②子供の急病への対応の基本

子供の急病についても、上記①を原則に、適切・迅速に対応する。

特に、学校でできることには限界があるので、「いざという場合の緊急措置」について、マニュアルを作成し、共通理解し、それに従い、できるだけ早く専門医の診断と治療にゆだねるようにする。

③子供の持病・アレルギー対応の基本

子供の持病やアレルギーについても、上記①を原則に、迅速・適切に対応する。

心臓疾患、喘息など持病やアレルギー体質については、年度始めに調査し、保護者とかかりつけ医師と学校(管理職、担任、養護教諭、栄養士など)とで、「どのような学校生活をさせるか」「どのようなことに配慮したらよいか」を、具体的に打ち合わせておく。

特に、学校でできることには限界があるので、「いざという場合の応急措置」について十分に打ち合わせ、体制を整えておき、できるだけ速やかに専門医の判断と治療に委ねる。

④授業中の事故防止

授業中の事故についても、上記①を原則に、適切・迅速に対応する。

事故には、理科(観察・実験、器具の扱い)、技術・家庭(実習・調理、道具・器具の扱い)、図工・美術(製作・道具の扱い)、保健・体育(実技、競技・格闘技、用具の扱い、熱中症)、クラブ活動・部活動(実技、競技・格闘技、熱中症、用具の扱い)などが多い。

過去にどのような事故が発生したかデータを確認し、授業中の事故が起こらない(起こさない)対策を講じることが重要である。

そのために、「教師は、配慮事項を確認し、授業の準備と事故防止策を十分に行う。特に予備実験や試作を行う」→「事前に、事故防止について、子供に十分指導する」→「学習活動中の子供の状況を観察し、必要な注意や対応をして事故防止に努める」ことが必要である。

⑤校外学習の安全確保

遠足、見学、移動教室、林間学校・臨海学校、修学旅行、職場体験、合同体育祭、対外試合、マラソン大会など校外学習・活動に伴う事故も多い。

活動計画と安全対策を立てるとともに、「実地踏査を行い、危険の把握、防止対策、現地(施設、宿泊先、病院・警察署など諸機関)との打ち合わせ」を十分に行ったうえで、「学校の安全対策」を確認し、子供への「安全指導」を徹底し、「事故は起こり得る」という前提で「教師の指導体制」を整え、事故防止に努め、必要に応じて「保

護者やボランティア等」の協力を得る。

　なお、障害のある子供、持病やアレルギーなどがあり、合理的な配慮を要する子供の参加についても、十分な検討と具体的な準備・対応が必要である。

⑥プール指導（水泳指導）の安全確保

　プール指導における事故が繰り返し起きている。上記①〜④を原則に指導・対応するとともに、AEDや人工呼吸などの実技研修も必要である。

　プール指導では、「監視体制の整備と完全実施」「開始前の健康観察と対処」「十分な準備運動」「プールサイドを走らないなどルールの徹底」「事故防止を念頭に置いた安全指導」を丁寧に行うことがポイントになる。

　特に、「飛び込みの禁止」や「入水時の指導」「一斉に大勢が入り子供の下敷きになる溺死」「不必要な用具の持ち込み禁止、ビート板などの不適切な使用等による怪我」「排水口に吸い込まれる事故防止」「濾過装置の不備による水質汚染や消毒薬流出」「熱中症」などにも十分配慮する。

⑦給食時の事故防止

　食物アレルギーの事故には十分すぎる対応が求められる。事前に調査し、保護者・医師、管理職・担任・養護教諭・栄養士・給食調理責任者で、「何がだめなのか」、特に「万一の場合どうすればよいのか」などについて十分に打ち合わせ、教職員が共通理解し、正確・迅速な対応ができるよう万全を期する。アナフィラキシー症候の緩和とショック防止のエピペンの使用などの実技研修を実施し、万全を期す。

　「打ち合わせ」をしても、担任等の確認が不十分で重大な事故につながる事案が発生している。子供本人の自覚だけに頼らず、「事前の打ち合わせ」と「その都度の調理室の措置」と「その都度の担任の確実な確認」、「給食中の担任による子どもの観察」が不可欠である。

⑧休憩時間の事故防止

　子供にとって休憩時間は、学習から解放され、友達と遊んだり談笑したりできる楽しいひと時である。友達と衝突する、ボールが顔に当たる、遊具や鉄棒から落下する、ケンカをする、走っていて転ぶ、階段などから落下するなどのけがが多い。遊び場の指定、遊びのルールの指導、遊具などの点検・整備を徹底し、事故防止に努める。

　なお、万一事故が生じたときは、上記①を原則に対応する。

⑨清掃時間の事故防止

　多い事故は、用具でふざけていて怪我をする、雑巾で拭いていて棘を指す、洗剤などが目に入る、窓など高い所を掃除していて落下する、物が落下して怪我をするなどが多い。事前の掃除の仕方や安全の指導、巡回による指導・指示が必要である。なお、万一事故が生じたときは、上記①を原則に対応する。

⑩登校・下校時の安全確保

最近、登校・下校時の交通事故、傷害、誘拐・連れ回し、性被害などが目立つ。これら痛ましい事故から子供たちを守るのは、大人の責任である。

防止のために「学校と保護者・地域社会、ボランティア団体などが監視体制を整え、実行する」、その上で「子供に、いかのおすし（知らない人について「いか」ない、知らない車に「の」らない、危ないと思ったら「お」お声を出す、その場から「す」ぐに逃げる、大人の人に「し」らせる）」などの指導を徹底する。さらに、地域住民の理解と協力を得て、被害に遭いそうになったら「子ども110番の家」に逃げ込む、「近くの大人」に助けを求める、「火事だー！」と大声を張り上げるなどを指導する。

ハザードマップを作成し、子供の登下校時の交通安全と見守り、登下校時刻に合わせた買い物や散歩・ジョギング、ペットの散歩など協力体制を講じている地域もある。

⑪災害に備える指導と訓練

地震、火災、風水害などに備えて、子供への防災教育を行う一方で、避難訓練を実施し、行動化する必要がある。指導体制の不備と指導の曖昧さ、避難訓練の不十分さが、子供の生命を守り切れなかった事案が少なくない。

計画に即した教職員の指導体制の整備と実行、子供への指導と訓練、保護者・地域社会や関係機関との連携・協力を確立し、実際に動けるようにしておく必要がある。

⑫不審者侵入への防護

学校は、悪意のある外部からの攻撃にはあまりにも弱い。それだけに、外部侵入者から子供を守るために、万全の対策を講じることが求められる。

そこで、「マニュアルを作成し、教職員で共有し」常時警戒する、教職員も子供も「対応の仕方」を理解し、子供に「十分な指導」をし、「行動」できるようにしておく。学校への出入りについては、学校と保護者・地域社会で「共通のルール」を確立し徹底する。さらに「近隣の交番や警察署、近隣住民」と協力して「防護策を講じる」ことも必要である。

⑬子供のトラブルへの指導と対応

子供同士のトラブル等によるけがも少なくない。その際の対応の原則は①による。

人間関係を好ましいものにする指導が必要である。また、トラブルを暴力によって解決するのではなく、話し合いや大人（担任、養護教諭、教育相談、クラブ・部活動担当者、家族など）に相談するよう指導するとともに、「仲直りの仕方」についても指導するようにする。保護者に対して、学校便りや学年便り、生活指導便り等で知らせ、、理解と協力が得られるようにすることも重要である。

特に、最近、グループ内のトラブルが、殺傷事件に発展するケースが目立つので、警察署などとの協力・連携が不可欠である。

⑭飲酒・喫煙・薬物などの指導と対応

　小学校高学年、中高生の飲酒・喫煙・薬物使用の非行が少なくない。関係教科・道徳科・生活指導で子どもに指導するとともに、家庭・地域社会、警察署少年課などに協力を呼び掛け、地域ぐるみで指導・対応していくことが重要である。その際、「させない」「許さない」「見逃さない」「やめさせる」などの徹底が必要である。

（２）ポイント２：情報の危機管理

　学校には、子供や保護者、教職員などの個人情報が溢れている。これらを効果的に活用することに加え、情報収集や管理・保護に十分すぎる対策と実行が不可欠である。

①情報収集・活用と管理

　学校運営と教育活動の充実には、広くかつ積極的に情報収集し、整理し、評価し、活用していくことが求められる。校務分掌の効率的・効果的な処理、指導計画の作成、教材等の開発・作成と授業づくり、学校評価や学習評価などに関する情報を収集し、チーム学校として組織的に活用していく。その際、教職員で共有化し、誰もが活用できるようにするとともに、適切に管理する必要がある。

②個人情報の保護

　学校には、子供や保護者、教職員などに関する個人情報がある。これらの情報収集は、必要最小限にし、目的外使用は絶対にしない。

　特に、子供や保護者の氏名・住所・電話番号・メールアドレス・緊急連絡先、指導過程で得た情報、学習指導・生徒指導の状況や成績、家庭状況などは、個人情報保護法等で禁止されている「第三者の目に触れること」や「漏洩すること」は、絶対に許されない。

③個人情報の保護に関する内規

　個人情報の保護は、教職員の自覚だけに任せておいては徹底しない。学校として「学校内の個人情報の保護規定」を作成し、共通理解し、確実に実行していくことがポイントである。何か起きてから校長が「二度と起こらないように改善します」と謝罪するお決まりのセレモニーは絶対に避けたい。

　また、家庭へ様々な巧妙な手口で、子供の名前や住所、電話番号の聞き出しが行われるが、子供への指導、保護者への啓発を行い、被害に遭わないようにすることが肝要である。

④学校情報の公表

　各教科や道徳科の授業、学校行事などの学校公開、学校便りやHPによる学校の方針や実施していること、子供の学習状況や課題とその対応など、学校情報を積極的に公表していく必要がある。学校の考えや実施していること、その状況などを、保護者や地域の人に知らせることは、理解を得て協力してもらうために不可欠である。学校

⑤外部からの問い合わせへの対応の原則

　保護者を語ったり、教育委員会を名乗ったりして個人情報を聞き出そうとする不法が後を絶たない。外部からの問い合わせに「うっかり答えた」ことが、個人情報の漏洩になることが多い。「…なので、教えられません」と断って批判されても、安易に回答して個人情報を流出させる過誤よりは小さい。

　学校として、窓口対応策を決めておき、教職員の誰もが同じように適切な対応ができるようにしておきたい。

⑥個人情報の持ち出し

　学期末や年度末などに USB、指導要録や通知表、書類　テストや作品などを自宅で処理しようとして持ち出し、紛失する事故が後を絶たない。善意の持ち帰り仕事とはいえ、重大な個人情報の漏洩であり許されることではない。個人情報の学外への持ち出し、メールでのやり取り、インターネットでつながっているパソコンでの処理は、禁止し、厳守させるべきである。

⑦保護者の理解と協力

　学校が子供や保護者等の個人情報の保護に万全を期していることを、保護者に理解してもらう必要がある。その上で、保護者に対しても、学級名簿（氏名、住所、電話番号、メールアドレス、緊急連絡網）やPTA名簿などの管理に理解と協力を依頼し徹底する。この種の「名簿等を作成すること自体を中止する」時代である。

⑧ネット社会での賢い生き方の指導

　現在、小学生の40％強、中学生の80％強、高校生の95％強がスマホを所持している時代である。所持の禁止ではなく、適切な使い方を指導する時代である。

　子供に対して、「便利さやよさの指導」「犯罪や詐欺行為に巻き込まれる危険性の指導」「他人を中傷したり、いじめをしたり、個人情報の漏洩をしたりしないことの指導」などを徹底する必要がある。道徳科、学級指導、情報モラルなどの授業の中で徹底するとともに、保護者にも呼びかけ、一体となって指導する。

⑨個人情報保護の基盤となる規範意識の醸成

　子供にも、個人情報の基盤となる規範意識を醸成することが必要である。子供には、道徳科や総合的な学習の時間、情報モラル、いじめに関する指導の際に、規範意識や個人情報保護についても、具体的に指導する。

　教職員に対しても、研修の機会を設けて、情報モラル、規範意識、個人情報保護について理解させ、指導の仕方を身に付けさせるとともに、子供たちのモデルとして実行できるようにする。

⑩学校評価と学習評価の危機管理

　学校評価については、自己評価、学校関係者評価、第三者評価を適切に実施し、その結果を活用して学校運営や教育活動の改善を進めるようにする。学校評価の計画を立て、中間の評価、総括的評価を効果的に進めるようにする。特に、学校関係者評価や第三者評価では、必要な情報を提供して、根拠のある評価をするよう努める。

学校評価（自己評価）	○教職員による学校評価（保護者・地域住民、子供たちのアンケートなどを評価資料に使う場合もある）
学校関係者評価	○学校関係者による「学校評価（自己評価）の結果及び改善事項」についての評価
第三者評価	○第三者による学校評価及び学校関係者評価の結果及び改善事項に関する評価

　学習評価についても、育成する資質・能力に対応し、評価の観点「知識・技能」「思考力・判断力・表現力等」「主体的な学習態度」を意識して、授業中の「指導と評価と支援」の充実、単元や学期末の評価、指導要録や通知表の評価・評定の評価基準の設定、評価方法を明確にし、根拠のある公正・公平な評価を担保することが求められる。

授業の中の評価	○授業の中で子供の学習状況や反応を捉え、それぞれに応じた支援をする。授業の中の「指導と評価と支援」の一体化と言われる。
単元等の評価	○単元（ひとまとまり）の終末に、学習の成果を総合的に把握し、必要な補充学習や発展学習をする。
作品の評価	○ノート、学習シート、レポート、作品などについて、評価し、必要な指導・支援をする。
学習相談の対応	○子供（や保護者）からの学習相談に応じ（主訴の把握、聞き尽くす）、必要な指導や支援を丁寧にする。
通知表の評価	○毎学期・学年末の総括的評価をし、通知表に評価・評定、諸記録、所見を記入して、保護者に連絡する。
指導要録の評価	○学年末に、学習の総括的評価を行い、学籍、各教科の観点別評価及び評定、道徳科、総合的な学習の時間、特別活動の評価及び記録、所見などの記入を行い、指導資料及び外部への証明の原本とする。

（3）ポイント3：人権の危機管理

　子供は、人間として、誰もが尊重され、同等に遊び、学習し、仲間集団や社会の中で認められ、公平に扱われなければならない。全ての子供が今を幸せに生き、希望を持ち、未来を夢見て、自分らしい生き方を求め続ける存在でなければならない。

①**教職員の人権感覚**

　教師には、鋭い人権感覚が要求され、子供のモデルとしての言動が求められる。そして、「どの子にも愛情を持ち、愛されていると感じさせる」「差別的言動はせず、公平に扱う」「その子の気持ちを受け止め、理解し、認める」「どの子にも基礎学力、心の教育、健やかな体の教育を徹底する」「自分のしたいこと、将来に希望を持たせ、それを目指して行動するよう促す」「困っていること、相談ごとに親身になって応ずる」「差別をしない・差別を許さない・差別を見逃さない」などの指導と配慮が重要である。

②**言語環境の整備**

　たった一言が希望と勇気を与え頑張るようになることもあれば、その人の人格を否定し悲しませることもある。言葉は人権尊重とかかわりが大きい。

　日常会話の言葉遣い、学校・学級便りの表現、朝礼などの講話、掲示など言語環境を整え、心のこもった日本語で生活できるようにしたい。これは、豊かな人間性、物事を創造的に思考し表現する力、伝統・文化を相互に尊重し合う国際性の育成にも通じる事柄である。言葉による差別、誹謗中傷などにも留意する必要がある。

③**人間関係の指導**

　人権は、人格（アイデンティティ）の認め合いにかかわる事柄である。そこで、子供と子供、子供と教師、教師と保護者の人間関係を、信頼関係のある好ましい関係にする必要がある。意見は異なっても話し合える関係、けんかをすることがあっても仲直りのできる関係、思いやりや親切な行動がとれる関係、悪口や嫌がらせや噂話をしない、悲しいことや困っている人がいたら親身になって相談に乗り助けてあげるなど、人間らしい付き合いができる関係づくりの指導・配慮に努めたい。

④**互いを尊重する心情の醸成**

　子供に対して、互いに相手の立場や心情を考え、尊重し合えるよう指導し、育てる必要がある。そのためには、教師が、思いやり（役割取得能力）の心を持ち、率先垂範していくことが求められる。今の社会には、あまりにも自分勝手な言動が目立ち、子供を混乱させてしまうことが少なくない。教職員の間で、まず「互いに相手の立場や心情を考え、尊重し合う言動」をとり、それを子供にも指導し、奨励することがポイントになる。

⑤**基礎学力の保障とキャリア教育**

　基礎学力が不十分なために、自分らしい生き方やしたいことが実現しない様なことがあってはならない。全ての子供に、その子の可能性の限界まで学力を高め、さらに本人自身が高まろうとする学びに向かう力や態度を育てる必要がある。基礎学力を保障し、キャリア教育を充実させて、「なりたい自分」に向けて努力する子供、即ち「なろうとする自分」を育てることも人権教育の重要な一面でもある。

⑥いじめの指導と対応

　いじめは、単なる生活指導の問題ではなく、人権侵害の重大な事柄である。このことを教職員が再確認し、起こらないよう子供を指導し、起こりにくい学級経営を進め、起きたときは適切な指導・対応を迅速に行って「いじめられている子供」を守り抜くことが重要である。保護者を巻き込んで、学校ぐるみで指導・対応する必要がある。

〈いじめは、どんな学級で起きやすいか〉

○「子供と教師の仲がいい」「子供同士の仲がいい」「教師に、子供のトラブルをきちんと解決する力がある」「明るい、楽しい学級である」「授業が楽しく、分かりやすい」「きまりが守れる学級」とは、真逆の学級

○授業が、マンネリ化し、退屈でつまらない

○子供が教師から認められていない、子供同士が認め合っていない

○なんでも先生が決めてしまい、子供の発想が生かされていない

○教師が子供を叱ってばかりいる

○教師に対して子供が「不公平感」、「分かってくれないという不満」をもっている

　　　　　　　　　　　　　　　　いじめの様相　（出典：小島宏『学校をひらく』教育出版）

　　　　　　　　　　　　　　　　　　　　　　　　　教師の役割

　　　　　　　　　　被害者●　　　　　　　　　　①守る
　　　　　　　　　　　A←C　　　　　　　　　　　　心を支える
　　　　　　　　　　　　　加害者●
　　　　　　　　　　　B　　　　　　　　　　　　②やめさせる
　　　　　　　　　　　　　　　　　　　　　　　　　自覚させる
　　　　　　　　　　　　　　　　　　　　　　　　　心を変える
　　　　　　　　　　　　　快観者●
　　　　　　　　　　　　　はやしたてる
　　　　　　　　　　　　　けしかける　　　　　　③やめさせる
　　　　　　　　　　　　　　　　　　　　　　　　　自覚させる
　　　　　　　　　　　　　　　　　　　　　　　　　心を耕す
　　　　　　　　　　　　　　　傍観者●
　　　　　　　　　　　　　　　見て見ぬふり　　④意識を変える
　　　　　　　　　　　　　　　　　　　　　　　　　心を耕す

　いじめは、「いじめられる子」対「いじめる子・はやし立てる子・ひとごとと傍観している子」の関係になっている。担任教師の意識と「心と手間のかけ方」が鍵を握っている。「僕だけじゃない」「〜〜だから」「だって、〜〜」という言い逃れを許さず、「集団の自浄力」や「正義が言え・行え」「いじめをとめる子」が出るような学級・学年・学校にしていく必要がある。保護者や地域、関係機関と協力・連携も重要である。

⑦授業や生活の中の人権尊重

　当然と思われているが、できる子は褒められ、できない子は注意ばかりされている。これが多くの教室の日常風景であり、人権侵害（？）の具体的な姿である。その子の能力や個性に応じた指導をするのが授業で、子供の学習状況や反応に応じた支援の手だてを講じて、子供の理解を助け進歩させるのが教師の役割である。その子のきらりと光るところを見つけ、認め、褒め、自信をつけ、学習に前向きにしたい。

　また、最近、保護者の経済的な事情で「衣食住が不十分」「不登校の状況に陥っている」「学習条件に不備が生じている」、保護者の養育態度との関りで「ネグレクトの状況」「家庭教育が不十分」「健康・体力が不調」等、「子供の貧困」が問題になっている。子供の生活や学習の状況を観察し、きめ細かい対応・支援をしたい。状況に応じて、教育相談や児童相談所などに相談して、専門的な指導・助言を得て、子供が困らないように行政的な配慮・援助の紹介など、生活の中の人権尊重への配慮も大切である。

⑧体罰の禁止

　体罰は、人格の否定であり人権侵害である。その上、体罰は、傷害罪（刑法35条）に当たり違法行為である。体罰は懲戒とは異なり教育効果がなく、学校教育法第11条及び刑法第204条（傷害罪）で禁じられている。さらに、子供と教師の信頼関係を損ない、学級経営や授業の効果に負の影響を及ぼし、保護者からの信頼も失うことになる。

（4）ポイント4：生活指導の危機管理　（関連：58頁の6）

　生活指導は、学校における生活や学習の基盤であり、子供の安心・安全・安定を実現するために重要である。

①基本的な生活習慣の定着

　基本的な生活習慣の確立は、子供の生活や学習、人間関係などあらゆることの基盤である。家庭と協力して、小・中学校を一貫させて、確実に定着させる必要がある。子供の生き方の基本を保障することは、人権教育としても意義のあることである。

②いじめの指導と対応　（関連：96頁の⑥と同様に指導・対応する）

③子供のトラブルの指導と対応

　子供の集団生活には、意見の対立やトラブルが少なくない。その場合、教師が調整役になって、関係者の言い分を聞き尽くし、十分に話し合わせ、理解と納得の上で「仲直りの握手ができる」よう解決することがポイントになる。場合によっては、関係保護者等との話し合いも必要である。報道される事案のように、最悪の事態の可能性も想定して指導・対応し、必要に応じて関係機関と連携することが肝要である。

　また、道徳科、生活指導、学級活動などの授業で、けんかやトラブルをテーマにした授業を展開し、トラブルに関する指導をすることも有力な方法である。

④規範意識の指導

学校のきまりの指導、道徳科のC「小学校：規則の尊重・公正・社会正義など」や「中学校：遵法精神・公徳心・社会正義など」の指導を通じて、規範意識を育て、きまりを守ることができるようにしていくことが大切である。互いにきまりを守れば、互いが安心・安全な生活のできることに気づかせたい。

その際、「ルール（きまり）を守る」「マナー（礼儀作法）を励行する」「心遣い（エチケット）をする」の定着を意識した指導をすることも大切である。

⑤してはならないこと・思いやり・親切・助け合い・ボランティアの指導

生活指導の重点事項として、下記の5項目を発達段階に応じて一貫的に指導することが考えられる。繰り返し指導し、随時評価をし、できたら褒めて、定着させるようにする。（一応の目安：●定着、◎重点、○視野に置く、△意識しておく）

定着させる事柄	低学年	中学年	高学年	中学生
やるべきことができる	◎	●	●	●
してはならないことはしない	◎	●	●	●
したほうがよいこともする	△	◎	◎	◎
親切なことができる	○	◎	◎	●
協力できる	○	◎	●	●
ボランティアができる	△	△	○	◎

⑥飲酒・喫煙・薬物の指導と対応　（関連：92頁の⑭）

生活の乱れがもとになって、似たような子供が集団を作り、飲酒・喫煙・薬物乱用に走り、悲惨な事件に発展することが多い。家庭科、保健指導、道徳科、生活指導で子供に指導するとともに、家庭・地域社会、警察署少年課などに協力を呼び掛け、地域ぐるみで指導・対応していくことが重要である。

（5）ポイント5：教育課程の危機管理—1（内容と質）

学校の責務は、子供に質の高い教育を保障することにある。特に、中教審答申（H28.12）や新学習指導要領（H29.3告示）で指導内容と指導方法を確認する。

①質の高い学力・豊かな心・健やかな体

教育課程のPDCAサイクルを通じて、質の高い学力即ちこれからの子供に求められる資質・能力の3つの柱「〈1〉生きて働く「知識・技能」の習得」「〈2〉未知の状況にも対応できる「思考力・判断力・表現力等」の育成」「〈3〉学びを人生や社会に生かそうとする「学びに向かう力・人間性等」の涵養」が求められる。

また、豊かな心では〈1〉と〈2〉を働かせる方向付けとして〈3〉が重要で、道徳教育・道徳科で、豊かな心を育むことや人間関係を形成の実現が大切である。

さらに、健やかな体では、豊かなスポーツライフの基礎づくり、生活習慣病や食物

アレルギーなど健康・安全・食に関する内容について扱い、生涯にわたって健康で安全な生活や健全な食生活を送ることができるようにしていくことが重要である。

また、2020東京オリンピック・パラリンピックとも関連させ、生涯にわたってスポーツや運動に親しむ基礎づくりをしたい。

②**学習することの楽しさ・学習意欲**

「学習することが楽しいか？」「学習したことが役立つか？」等についての国際比較で、日本の子供は肯定的回答が低いと指摘されている。また、学習意欲（学習対象や内容への関心、自発的（自分から）な取り組み、主体的（自分でする）な学習活動にも課題があるとされている。

これらは、先述（54頁2の資質・能力の3つの柱）の「学びに向かう力・人間性等の涵養」に関わることで、学習課題の発見・設定、問題発見・解決学習、指導方法、学習評価などの視点から見直して、「学習の楽しさ」や「学習したことの有用性」を実感させ、「学習意欲」を高める方向で、授業を改善・工夫したい。

③**読書指導**

現在の子供はICTの利用時間が増加する一方で、読書の時間が減少し、教科書の読解ができない、課題（問題）文の意図が読み取れないなどが指摘されている。そこで、文章で表現された情報を的確に理解し、自己の考えの形成に生かせるようにすることが課題となり、科学・数学や文学など多様なジャンルの読書の奨励が求められる。

④**考える子供**

基礎的な知識・技能の習得については一定の成果を上げているが、全国学力調査B問題、PISA読解力など既習事項（知識・技能、考え方等）を活用して課題（問題）の解決には、課題があると指摘されている。課題発見・解決学習などを通して、判断の根拠や理由を明確にして自分の考えを説明する活動や実験結果を分析して解釈・考察して説明する活動などを工夫し、考える子供を育てる授業づくりが求められる。

⑤**学び合い（DialogとDiscussion）**

課題について、子供一人一人の一応の自力解決ができたら、ペアまたはグループで話し合いが行われる。この後で、全体による学び合いが行われ、学習のまとめとなる。

前者は、自力解決の過程や結果を表現したノート等を基に説明し合う体験を通して、自分の考えや見方を明確にし、多様な見方・考え方のあることに気付くなどが目的である（ダイヤローグ：Dialog）。これに対して、後者は、みんなで議論（討議）することによって、解決をしたり、結論を出したり、まとめをしたりするための活動である（ディスカッション：Discussion）。両者の違いを意識して進めることが肝要である。

⑥**主体的・対話的で深い学び（≒ Active Learning ＝ AL）**（関連：55頁の3）

「どのように学ぶか」ということ、すなわち「〈★主体的〉子どもたちが見通しを持

って粘り強く取り組み、自らの学習活動を振り返って次につなげる、主体的な学びの過程ができている」、「〈★対話的〉他者との協働や外界との相互作用を通じて、自らの考えを広げ深める、対話的な学びの過程が実現できている」「〈★深い学び〉習得・活用・探究という学習プロセスの中で、問題発見・解決を念頭に置いた深い学びの過程が実現できている」というALの視点からの授業づくりや学習評価の工夫・改善が求められる。

　その際、目に見える「主体的・対話的で深い学び」と、見えにくい心や思考の「主体的・対話的で深い学び」があることを念頭に置いて発想することが重要である。

⑦道徳科の見方・考え方　（関連：57頁の5 道徳科の指導と評価）

　道徳科における「見方・考え方」は、「様々な事象（答えが1つではない道徳的な課題）を、道徳的諸価値の理解を基に自己との関りで（広い視野から）多面的・多角的に捉え、自己（人間として）の生き方について考えること」（括弧内は中学校）である。

　そこで、多様な価値観、時には対立がある場合も含めて、誠実にそれらの価値に向き合い、道徳としての問題を考え続ける姿勢こそ道徳教育が養うのだという認識に立ち、「考える道徳」「議論する道徳」を重視することが求められる。

⑧小学校外国語科　（関連：55頁の4）

　グローバル化が急速に進展する中で、外国語でコミュニケーション能力（互いの考えや感じ方を伝え合い、理解し合い、尊重し合い、協力し合うこと）が、誰にとっても不可欠になっている。外国語教育の「見方・考え方」は、「外国語で表現し伝え合うため、外国語やその背景にある文化を、社会や世界、他者とのかかわりに着目して捉え、目的・場面・状況等に応じて、情報や自分の考えなどを形成、整理、再構築すること」の視点で、目標・内容・指導方法・学習方法等を、今後一層重視していく必要がある。

　そこで、小学校中学年では「外国語活動」を新設し、「言語や文化を体験的に理解し、外国語の音声や基本的な表現に慣れ親しませる。自分の考えや気持ちなどを伝え合う力の素地を養う。言語の背景にある文化の多様性を尊重し、相手に配慮しながら外国語を用いてコミュニケーションしようとする態度を養う」ことになった。

　また、小学校高学年では「外国（英）語科」を新設し、「実際のコミュニケーションの場面において活用できる基本的な技能を身に付ける。自分の考えや気持ちなどを、英語で伝え合う基礎的な力を養う。外国語やその背景にある文化や多様性を尊重し、相手に配慮しながら外国語を用いてコミュニケーションを図ろうとする態度を養う」ことになった。

⑨教育課題への対応　（関連：54頁の1）

　現代的な諸課題の対応に求められる資質・能力に、「健康・安全・食に関する力」「主

権者として求められる力」「新たな価値を生み出す豊かな創造性」「グローバル化の中で多様性を尊重しつつ、現在まで受け継がれてきた我が国固有の領土や歴史について理解し、伝統や文化を尊重し未来を描く力」「地域や社会における産業の役割を理解し地域創成等に生かす力」「自然環境や資源の有限性の中でよりよい社会をつくる力」「2020東京オリンピック・パラリンピックを契機に豊かなスポーツライフを実現する力」等がある。

これらはいずれも、教科横断的なテーマであることを踏まえ、「固有の知識・技能の習得、これらを活用して課題を解決するのに必要な思考力・判断力・表現力等、学びに向かう力・人間性等」を意識して取り組む必要がある。

具体的には、ESD、キャリア教育、プログラミング教育、インクルーシブ教育、グローバル人材育成、情報活用能力（情報モラル）、言語力などの育成が対象になる。

（6）ポイント6：教育課程の危機管理―2（方法と条件）

教育活動の質を支えるのは、教師の指導力と教育条件の整備によるところが大である。このことを念頭に、例えば以下のような方法と条件を整えることが肝要である。

①教師の指導力の向上

質の高い教育すなわち質の高い授業は、教師の優れた指導力に尽きると言える。従って、教師の自主的な個人研修、学年や教科部会、先輩と後輩、気の合った者同士など同僚との学び合い、校内研修・研究、教育委員会など公的機関の研修（指定研修、希望・選択研修など）、各種研究団体主催の研修などがある。教師は、教育公務員特例法第21条を引き合いに出すまでもなく、研修に励み指導力の向上に努め続けなければならない。

②指導と評価の一体化　（関連：61頁の13学習評価）

教師は、結果（最終的な出来栄え、テストの点数など）だけを重視する傾向がある。そこで、学習課題（問題）を追究する過程の学習状況や反応を見取って、一人一人に応じた指導・支援を講じ、「考えさせる、理解させる、つまずきを解消する、できるようにする、進歩させる」ために「指導と評価」を一体化させる必要がある。校内研修・研究や授業観察に基づく指導などを通じて、このことを全教師が行えるようにしたい。

③指導体制の工夫

一斉画一的な指導も指導内容や学習活動によっては効果的である。しかし、子供の個性や能力、理解度や習熟度などに応じ、指導体制を工夫したい。

その際、1C1T（学級担任、教科担任）、TT方式（1学級を複数で担当）、少人数指導（1人が担当する人数の少人数化）、習熟度別指導（理解度・習熟度に応じたコース別指導）、ICT活用個別指導など、子供の実態や指導内容・学習活動に応じて適切な指導体制を選択あるいは組み合わせて進めるようにする。

④**学習形態の工夫**

指導体制の工夫と関連させて、個人学習、ペア学習、グループ学習、プロジェクト学習、学級全体での学習、学年合同学習、学年を超えた縦割り学習などの学習形態が考えられる。目標、指導内容、学習活動、子供や学校の実態等に応じて工夫する。

⑤**授業時数の確保**　（関連：42～46頁の5 授業時数の確保と時間割編成）

授業時数の確保が難しいと話題になっている。1週間は5日間、1日の授業時数が6時間であるとすれば、1週間に30コマが限度である。従って、この中で授業時数の確保をしなければならない。子供の生活リズムを考えると、複雑な時間割を組むことは避けたい。学年の発達段階への配慮、チャイムなどを考慮した全校の統一性、15分あるいは20分を単位にしたモジュール制の一部採用、朝や放課後の短時間の活用、午前中5時間授業など無理のない工夫が求められる。

また、会議や研修・研究などの設定も検討する必要がある。さらに、変更やカットを安易に行わず、週案などにより授業時数の管理をきちんと行うことも重要である。

⑥**学級崩壊・授業崩壊**

学級崩壊による学校生活の乱れ、授業崩壊による学習の不成立は、子供たちから生活と学習の「安心、安全、安定」を奪うことになり、学校教育の危機である。管理職は、学級経営の状況や各教科等の指導の様子を観察し、崩壊やその兆しを早期に発見し、その指導・支援・回復に努める必要がある。その際、学級崩壊・授業崩壊が生じないよう指導するとともに、そのような状況になった場合は、チーム学校として「当該者を指導する」→「学年・教科・分掌などの協力を得て、支援体制をとる」→「学年・教科・分掌などの協力を得て、一部軽減する」→効果がない場合は「教育委員会に連絡し、しかるべき措置をする」など、適時・適切・迅速な対応をすることが求められる。なお、日頃の教師同士の相互の学び合い、相互の助け合いなどの学校文化を醸成しておくことも大切である。

⑦**肯定的評価・自己肯定感・自己評価**

現在の子供は、昔の子供のように厳しく鍛えて成長させる状況にない。保護者も、子供も、豊かに、のんびりと過ごし大事にされて成長してきたからである。

そこで、よい所や進歩、努力などを見つけ、認め、褒める肯定的評価をする。その上で、もっとよくなるためにと若干の注文を付けると効果的である。このようなことによって、子供は、自己肯定感や自己有用感を持ち、生活や学習に意欲的になっていくようである。また、生活や学習の場で、自己評価の機会を適宜設け、振り返らせ、成果や進歩を確認させるとともに、もっとしたいこと、やらなければならないことなどを自覚させることも重要で、メタ認知を促すことになり、自己の生き方を考えるきっかけにもなる。

（7）ポイント7：保護者・地域との連携の危機管理

　一般的に保護者は、教師に対して丁寧で謙虚である。これは、教師への尊敬の念からというより「我が子に丁寧な指導をしてほしい」という深層心理が働いているからである。このことを十分に自覚しておき、誰に対しても丁寧な挨拶・言葉遣い・態度などを励行し、分け隔てなく公平に付き合うことが必要である。そうすれば、好ましい関係がつくり易い。

　とはいえ、保護者等の苦情やクレームが教師を悩ませている現実がある。学校体制を整え、チーム学校として組織的に対応する必要がある。その際、保護者・地域には「寛容」、即ち「困った保護者・地域」ではなく「困っている保護者・地域」へと発想を転換することがポイントである。対立関係ではなく、パートナーだからである。

①クレームを最小限にする手立て

　学校だよりやＨＰ、学校公開、学年・学級だより等で、学校の情報をこまめに分かりやすく知らせ、学校の方針、していること、課題やそれに対する対処の状況等を理解してもらえるよう努めると、不満や誤解に基づくクレームが激減する。まずは、学校のしていることを分かってもらうことが出発点である。

②クレームへの対応

　まず、相手が、何を訴え（主訴）、何を求めているか（落し処）を聞き尽し、その上で、誠実に対応することが原則である。とかく教師は反論し、説得しようとして、相互理解の機会を失ってしまうことが少なくない。小さなクレームに丁寧に対応することが、理不尽なクレームを減らし、限定的にしていく効果がある。また、教師個人の問題とせず、学校として組織的に対応し、「ことの起こりと、対応の過程と、結末と、教訓」を共有化することが重要である。特に、経験の浅い教師が孤立し、一人で悩み込むことのないようにしたい。

③保護者と教師の共通目的の確認

　学校と保護者等の共通の目的は、「子供の生活と学習を充実させ、成長させること」にある。このことをどのようにしたら保護者等と共有し、連携できるか考え、互いに補い合い、助け合っていく関係をつくっていくようにする必要がある。そのために、保護者会やＰＴＡ諸会合、地域との関係を工夫し、「心のこもったもの」にしていくことが求められる。

④不登校と子供の貧困への対応

　実は、この不登校をどの項目に入れるべきか迷った。今も迷っている。不登校は、学校の交友関係、学習活動が原因になっているだけでなく、家庭の事情が要因になっている場合もある。そこで、子供の気持ち、学校における生活と学習の状況、家庭の事情などを把握して、対応することが必要となる。子供への支援、保護者と学校の話

し合いのほか、教育相談等の専門家の指導・助言・支援を得て、子供の普通の日常生活の回復を重視したい。学校復帰を急がず、子供に即して急がば回れの精神で、誠実に対応したい。

また、子供の貧困についても、経済的な面（準要保護の紹介など）、家庭における養育の面（食生活、家族の関わり、しつけ、養育放棄、学習に無関心など）や健康・体力の面などについて、学校だけでなく、保護者、児童委員（相談、ケアなど）などと連携して実情に応じた対応をすることが大切である。

（8）ポイント8：教職員に関わる危機管理

本来、子供たちの言動のモデルになるべき教職員の一部による不祥事が後を絶たない。ほとんどの教職員が誠実に職務に精励しているだけに忸怩たるものがある。

①服務管理の原則

校長は、年度当初に、全教職員に服務管理（4管理・2監督、地公法第6節）について具体的に指導する。また、節目ごと・定期的に確認し、指導する。さらに、新聞やTV報道など他校の事案の例を示して随時指導を繰り返す。その上で、個々の教職員の状況に応じて、個別に指導し、牽制し、不祥事の封じ込めに努める。

個々の教職員の自覚が前提になるとは言え、以上の原則を徹底する必要がある。

②指導と厳格な対応

体罰、交通事故、猥褻行為、窃盗など何でもありの時代である。このような事案が生じた時は、校長は、事実を確認した上で、教育委員会に「報・連・相」をして、関連法規に基づいて厳正に対処する。

また、指導力不足の教員には、「管理職の指導で回復できる」「他の教師の少しの協力で続行可能」「配置換えで何とかカバーできる」「指導改善研修の受講が必要」などを、冷静に判断し、教育委員会に「報・連・相」をして指導・指示を得て進めるようにする。「子供に質の高い教育を保障する」ことを優先に対処することが肝要である。

③子供と保護者は聖域

教師には、教育公務員としての自覚を基に職務を遂行することが求められる。子供の教育活動を停滞させること、体罰や猥褻行為など子供の生命・身体や人権を損なう行為は絶対に許されない。また、保護者に対して、教師の立場を利用して政治的・宗教的な働きかけをするとか、不適切な関わりを持つなども絶対に許されないことである。子供と保護者は、教師が最も大事にしなければならないという意味で聖域である。

（9）ポイント9：学校運営の危機管理

学校運営とは、達成すべき事柄、ありたい状況、解決すべき課題・問題点など「自校の目的・目標」を設定し、「それを実現する」ために、「ヒト（Man）、モノ（Material）、カネ（Money）、及び情報（Information）、時間（Time）等の経営資源」を効果的に活

用して、「見通しや計画を立てて実現（達成）する営み（Management）」である。

①目標の設定と実現

校長が学校経営基本方針（学校経営案）で目標と方針を示したら、これを受けてどのように実現するかを、校務分掌に即して教職員に具体的な計画を立てるよう指導する。この段階が重要で、これらを共有化することを通して、役割と責任を自覚し、行動させていくことがポイントになる。

②校務の組織的協働

教員には、「子供と向き合う時間」及び「その準備の時間」の保障に配慮したい。そのためには、教育活動以外の校務分掌の多忙を軽減することが求められる。そこで、1人1役とか、2役2人（1役はAが責任者でBは補助者、もう1役はBが責任者でAは補助者）の組み合わせで補完し合うとか、様々な工夫が考えられている。教頭にマネージャーシップを発揮させ、組織的協働を進め効率化を図ることが大切である。

③教職員の意欲

学校運営を効果的・効率的に進めるためには、教職員の参画・参加意欲の喚起が重要である。校長・教頭は、教職員の学校運営への関わり方を観察し、その「結果（成果）」だけでなく、「工夫していること」「努力していること」「協力し合っていること」を見取り、大きく評価して伝えるなど、肯定的評価をしたい。このことは、急増している若手教職員への指導・支援にも有効である。

④学級・学年・教科経営

学校運営の基盤は、学級・学年経営、教科経営、教務部や生活指導部などの運営である。これらが、好ましい人間関係に裏付けられて前向きに進んでいる時、学校運営は円滑に進み、例え課題が生じても適切な方向に対応・対処できる可能性は大きい。

特に、小学校の学級経営、中学校の学年経営、小学校の専科の連携、中学校の教科経営の充実について、経営案や週案などを基にして、計画的に進め、協力し合い、補い合うなど、前向きな工夫・改善などを奨励していくことが重要である。

⑤学校運営のPDCA 特に随時のCA

教職員は、日常の教育活動とその準備、校務分掌の実務に追われ、学校運営という広い視点から学校全体を俯瞰することがつい後回しになりがちである。

そこで、学校運営の定期的な「P：計画・見通し」「D：実施・対処」「C：評価・点検・振り返り」「A：改善・修正」に加えて、必要に応じて随時の「C：評価・点検・振り返り」「A：改善・修正」を行い、きめ細かく進めるようにする。教頭やミドルリーダーに指導・指示して、多忙化しない範囲で行うよう配慮する。

(10) ポイント10：校内研究・研修の危機管理

全ての学校で校内研究・研修を実施しているが、その質は千差万別である。多忙な

中での研究・研修である。内容や方法を見直し、実質的・実効的なものに改善したい。

なお、その際、多くの学校が「ゼロからのスタート」をしているが、先行研究、過去の体験・実践やデータなどを基にして、それを発展させていく、それを批判的に乗り越えていく、それに新しい視点を加えて改善していく等、科学的・合理的に進める発想をもう少しもった方がよいと思われる。

①子供を向上させる研究・研修

校内研究・研修の第一の目的は、「子供を向上させる」ことにある。したがって、校内研究・研修の内容は、自校の子供の「よい所を明確にして、それをさらによくしていくこと」「課題（問題点）を把握し、原因を突き止め、改善していくこと」「不足しているところを補いよりよくしていくこと」「これから必要になる新しい事柄を取り入れていくこと」の4つに特化していく必要がある。

日頃の授業から出発し、授業を通して研究・研修し、その成果を日々の授業に生かして「子供を向上させる」ことにつなげていくことが、大切なのである。

②教師の指導力を向上させる研究・研修

校内研究・研修の第二の目的は、「子供を向上させる」ために、「教師の指導力を向上させる」ことにある。その場合、上記①の4つの事柄を効果的に実現していくための指導内容・指導方法や学習活動の改善・工夫を対象にする場合と、学習評価と活用、主体的・対話的で深い学び（≒AL）の進め方、ICTの活用などを対象にする場合が考えられる。いずれにしても、子供に密着して進めることが肝要である。

③教育課題に対応した研究・研修

上記②に関連し、教育課題に関する校内研究・研修も重要で、学校の研究・研修は、学問的研究とは異なり「子供を向上させる事柄」に焦点化して進める必要がある。

例えば、小学校英語科を含めた英語教育、道徳科の指導と評価、プログラミング教育、ESD、UDの発想による授業づくり、インクルーシブ教育、これからの子供に求められる資質・能力の3つの柱、AIと学校教育、情報活用能力等が考えられる。

④一貫研究とプロジェクト研究

自校の中だけで研究・研修を進めるだけにとどまらず、テーマや内容によっては、近隣の学校との協力、関連する小・中学校で一貫して進めるなども考えられる。

また、共通する課題がある学校が、プロジェクトチームを組んで、協働して研究することも考えられる。この場合は、適切な講師（指導者）を招聘して指導・助言を得て、理論的にも、実践的にもある程度の見通しを持って進める必要がある。

3 学級などの危機管理

小学校における学級経営、中学校における学年・教科経営は、子供の人間関係の安

定、生活指導の徹底、落ち着いた授業の展開の基礎として極めて重要である。

(1) 学級の危機管理の俯瞰

学校の危機管理（87頁の表 – 4）と連動させ、学級における危機管理を、下表の視点から徹底させたい。学級の危機管理は、子供に関する学校の危機管理の要諦である。

表 – 5　学級の危機管理の概要

1	生命	○けが・急病・持病・アレルギー　○登下校の安全確保 ○授業中（特に水泳指導）・校外学習の事故防止 ○休憩・清掃・給食時の事故・食物アレルギー対応 ○安全・防災教育　○災害・避難訓練　○不審者対策
2	情報	○情報の収集・活用・管理　○個人情報の保護・管理 ○学年・学級だよりなど　○情報モラル　○外部からの問い合わせ ○保護者との協力　○スマホ・ネット　　○緊急連絡方法
3	人権	○授業中の人権尊重　○言語環境　○人間関係づくり　○いじめ ○思いやり・相互尊重・親切・協力　○キャリア教育（進路指導） ○基礎学力の保障　○体罰　○暴言　○差別・不公平・不平等
4	生徒指導	○「困った子」→「困っている子」　○基本的な生活習慣 ○してはならぬこと、すべきこと、したほうがよいこと ○いじめ・トラブル　○非行・暴力・飲酒・喫煙・薬物乱用 ○ルール・マナー・心遣い　○規範意識　○悩み相談
5	授業の充実	○「困った子」→「困っている子」 ○学習ルール・学習習慣　○資質・能力（知識・技能、思考力・判断力・表現力等、学びに向かう力・人間性等）　○週案の活用 ○ドリル学習の改善　○自己肯定感　○自己評価・メタ認知 ○肯定的評価　　○学び合い（Dialog & Discussion） ○主体的・対話的で深い学び（ALの視点）　○学級・授業崩壊 ○指導と評価の一体化　○道徳科　○小学校英語科　○UD
6	学級運営	○学級組織　○子供の居場所　○人間関係づくり　○いじめ ○認め合い・支え合い　○係り・当番　○教育相談　○学級事務
7	保護者連携	○「困った親」→「困っている親」 ○説明や情報・啓発資料の提供　○悩みや相談に丁寧な対応 ○訴え（聴き尽くす）の事実確認と原因と対応 ○逃げない・抱え込まない・学校の問題として対応 ○きめ細かい情報提供と小さな段階での丁寧な対応

| | ○家庭での学習について保護者と連携（学校の下請けではない）
○クレーム対応＆建設的な意見の活用
○保護者・地域との連携　○保護者と教師の共通目的の確認 |

（2）学級経営案の作成とPDCA

　学級経営案は、担任として、学級の子供たちの学校生活と学習活動を、1年間責任をもって、どのように進めていくかを具体的に示した企画書（子供と保護者への約束、自分の役割と責任の確認）である。

①学級経営案の作成とPDCA

　学校経営案の様式と内容は、学校ごとに定めている。それに従って作成することが基本である。ただし、例えば「備考欄」を設けて、独自に「自分流」を盛り込む工夫があってもよいと思われる。なお、学級経営案を週案に綴り込んでおいて、P（案の作成とその都度の具体的計画）D（実行）C（毎週、その都度などの点検・評価）A（その都度の改善や工夫）を、週案の記入と活用に連動させていくことが重要である。

　学級経営案の様式と内容としては、以下のような例が考えられる。

　　　　　2020年度　第○学年○組　学級経営案　　　　　学級担任　酒井みち江㊞

1　学級経営の目標
　○校長の学校経営方針を踏まえ、どのような学級にしていくかか箇条書きで示す。
2　学級の目標
　○学校の教育目標や学年の目標、子供の実態を踏まえ、子供たちと話し合って、学級の目標を明確、簡潔に設定する。
3　学級経営の方針と重点
　○学年経営の方針を考慮して、学級経営をしていく際の方針、特に重視していくことを箇条書きで示す。
4　教科等の指導方針と重点事項
　○各教科等の指導、生活指導、キャリア教育、プログラミング教育、主体的・対話的で深い学びなどの指導方針と重視する事項を、項目を分けて簡潔に示す。
5　学級の実態
　○子供たちの全体的な特徴、生活面の特徴、学習面の特徴などを端的に示す。その際、短所だけでなく、長所やこのように変容させたいという願いも示す。
6　配慮を要する子供の実態と配慮事項
　○個別の実態と、何をどのように合理的配慮をするか示す。その際、「困った子」ではなく「困っている子」という見方をして、教育的愛情を持って記述する。なお、個人情報の保護には十分留意する。

7　他学級・他学年、教科担任や専門スタッフとの協力・連携
　　○学級のことは担任が責任をもつことに徹するとともに、他学級や他の教職員と連携して一層効果的に学級経営をしていくという立場で記述する。
8　保護者等との協力・連携
　　○保護者はパートナー、地域等は支援者である。保護者会の運営や学級だよりの発行、連絡帳などで、どのように理解を得て、協力・連携を確立していくかを示す。
9　環境整備
　　○安全に配慮した環境整備、生活空間としての教室環境・言語環境、学習空間としての学習環境や情報環境などについて示す。
10　学級の危機管理
　　○緊急連絡、防災・安全、持病やアレルギー（特に食物アレルギー）、けがや急病、いじめ、個人情報の危機管理など、学校の危機管理と一貫させて端的に書く。
11　校務分掌・学級事務の処理
　　○校務分掌や学級事務の進め方の方針や心構えを示す。
12　備考（その他）
　　○上記以外の事柄や、担任として特に思うことやしたいことを示す。

②教科経営案、保健室運営案、教育相談室運営案などの作成

　前頁①の学級経営案と同様に、教科担任・特別加配教員、養護教諭、教育相談員などについても経営案や運営案を作成する。「子供の指導の充実」「子供の健康を守る」「子供の悩みなどに温かく応ずる」などを念頭に、実質的なものが求められる。

③事務室・主事室の執務方針の確認

　学校運営と教育活動を支える事務室や主事室の職員についても、年度当初にミーティングをさせ、執務の方針を確認させる。そして、適宜振り返ることができるよう簡単に明文化して共有化させる。自己申告書をもって代えてもよい。

（3）学級の危機管理

　在校時間の大部分を過ごす学級の危機管理は、極めて重要である。学校の危機管理（88～106頁の2（1）～（10））と同じ方針・方法で、「①生命・身体の安全確保、②人間関係の構築といじめの指導・対応、③生徒指導・問題行動、④人権尊重、⑤個人情報、⑥質の高い学力の定着・維持・発展、⑦安心と安定の学級運営、⑧学習評価、⑨保護者との連携、⑩研修・研究」を進めることが基本である。

　特に、「①生命・身体の安全確保」を最優先し、③に関連して「いじめの指導・対応」、⑥に関連して「学級崩壊・授業崩壊」、「⑧学習評価」を重視する必要がある。

　さらに、「⑨保護者との連携」に関して、保護者とのトラブル対応は「子供に丁寧な指導をする」「平素から情報をこまめに知らせる」「小さなトラブルに誠実に対応する」

ことを基本として、次の10のポイントを丁寧に進めるよう教員を指導したい。

> **ポイント１**：【学校のマニュアルを作成し、それを基本にする】 →学校として「保護者の苦情やトラブルの対応マニュアル」を作成し、共有化して、管理職や先輩教員の指導を受けて対応する。
>
> **ポイント２**：【想定して備えておく】 →過去の苦情やクレームの事実・対応・結果を調べ、共有化し、試行しておく。
>
> **ポイント３**：【即対応する】 →学年や先輩に相談し、管理職に報告して指導・指示を受け迅速に対応する。自分の責任、失敗は恥ずかしいと一人で解決しようとしない。学校のこととして組織的に対応する。原則として複数（当事者、調整・記録係）で対応し、記録し、大筋を確認し合っておく。
>
> **ポイント４**：【じっくり聴き尽す】 →相手の言い分を傾聴する。途中で言い訳をしたり説得しようとせず、主訴（言い分）と結末（どうしてほしいのか）を理解するために聴き尽す。
>
> **ポイント５**：【事実関係をきちんと把握する】 →短絡的に反応せず、事実関係を十分に確認してから対応する。相手の大声やごり押しに脅えて、安易な妥協や約束をしてはならない。事実関係を把握してからでも遅くはない。
>
> **ポイント６**：【逃げない・抱え込まない】 →逃げ腰になり「誠実ではない」等の誤解を受けたり、一人で抱え込みいっそう紛糾したりしないようにする。誠実に、ただし毅然とした態度で対応する。
>
> **ポイント７**：【クレームにはむしろ感謝の気持ちで】 →クレームなどによって、日頃の学級経営や学習指導を見直すきっかけやヒントになったことに感謝するくらいの寛容かつ感謝、謙虚な態度で、誠実に対応する。
>
> **ポイント８**：【「小さな事柄の適切な対応」と「きめ細かい情報の提供」】 →学級だより、連絡帳、作文やノートへのコメントなど、平素の情報提供や保護者からの意見や注文に対しては、丁寧かつ迅速に対応する。信頼関係が生まれ、大きくこじれることを抑制できる。
>
> **ポイント９**：【原因を探り改善し、再発を防ぐ】 →一段落した段階で、苦情やクレームに対する一連の対応の経過と結果を整理する。背景や原因などを探り、学級経営や授業づくりを見直し、改善し、教訓として共有化して再発防止につなげる。
>
> **ポイント10**：【教職員は、常に襟を正す姿勢を示す】 →学級担任１人だけでなく、チーム学校の問題と認識して、教職員全員が教訓として、襟を正し、学級経営や授業づくり、校務分掌などを改善・工夫し、窓口対応なども丁寧で温かいものにしていく。

第8章

保護者や地域住民の理解と協力

学校教育は、管理職と教職員・専門スタッフが、校務を分掌して役割と責任を自覚して、主体的・協働的に進めるものである。しかしながら、学校だけでは限界のあることを認識し、保護者・地域住民、関係諸機関の理解と協力を得て進めることが肝要である。

1　保護者・地域住民との関係づくりのポイント

学校と保護者・地域との関係づくりはことさら構える必要はない。日頃の連絡と心遣いを積み重ねていくことである。あくまでも一つの参考として、体験的に得た「好ましい関係づくり」のヒントを列挙する。ご自身の体験と知見を交えて自分流に昇華されたい。

①保護者や地域住民に対して、校長や副校長・教頭は勿論のこと教職員全員が、学区域で明るく元気な挨拶を励行する。
②学校や子供たちに対する日頃のさりげない心遣いや小さな協力などに対して、感謝の言葉を素直に伝える。
③保護者や地域住民との話題に、「子供をよりよく育てる」ことをさりげなく盛り込む。
④子供たちのよい点を見つけ、知らせ、それは保護者の家庭教育とPTA・地域住民の協力のおかげであると感謝の念を発信し続ける。
⑤学校の基本方針、考え方、していること、教職員の頑張りや工夫などを学校だより（定期及び臨時）やホームページ（更新が大事）などで、こまめに発信する。
⑥可能な限り学校情報の公表、学校公開に努め、保護者に関心を持ってもらい、足を運んでもらい、目標「子供をよりよく育てる」を共有できるように努める。
⑦苦情・批判・要望は、学校への応援歌（善意の注文）と受け止め、誠実に対応し、その経過や結果を保護者や地域に知らせる。「困った親・人」ではなく「困っている親・人」と見方を変えると、相互理解や協力に発展する対応が見つかりやすい。
⑧保護者会の運営の工夫、個人面談や家庭訪問の工夫と活用、親身の教育相談、PTA活動への協力、地域活動・行事や関係機関の活動などへの協力、可能な限り学校の教育力や施設などの提供をする。

2　理解・協力関係の事例

学校と保護者・地域住民との協力は、学校や地域の実情に応じて様々である。学校の教育機能と施設は、もっと保護者や地域住民のために提供されてもよいと考える。
〈事例1：学校施設の開放〉PTAや地域住民の諸団体に、運動場、体育館、会議室、図書室、音楽室、家庭科室、パソコンルーム、図工室などを開放している。利用申し込み、使用上のルールの徹底、事故防止など危機管理と利用者の協力が不可欠である。

なお、学校施設の在り方を検討し、利用しやすく合築にしている例もある。
〈事例2：学校の教育力の提供〉要請に応じて、教職員の専門性や特技を地域の諸活動の指導者や講師として提供している学校もある。ただし、あくまでも本務の「子供の教育」と「学校運営」に支障がなく教職員の負担にならない配慮が必要である。
〈事例3：保護者の交流の機会の提供〉地域の中の交流は意外と少ない。PTAや有志などの世話で、保護者が学校のランチルームなどに集まり、楽しく懇談したり、子育ての相談をしたりすることが行われ、母親の交友関係が広まり好評のようである。
〈事例4：父親の教育・地域参加のきっかけづくり〉有志の親父の会（父親の会）が結成され、学校を舞台に、子育てなどの情報交換、学校への支援、地域起こしや地域ボランティア活動を行っている例もある。
〈事例5：高齢者と子供の交流〉市役所福祉課と学校が協力して、空き教室が高齢者の団欒の場所に提供され、楽しく過ごしている例もある。また、必要に応じて、子供たちの学習活動にゲストティーチャーとして参加して生き甲斐を感じているそうだ。
〈事例6：地域有志による「学習教室」〉地域の有志のボランティアによる無料の「学習教室」を開き、子供たちの宿題や復習の手助けをしている。学校の授業のある日の放課後、図書室などで実施している。子供や保護者の悩みや学習の相談にも乗っているそうだ。紙代やコピー代などは、今のところ善意の寄付金で賄っている。

3　学校を開く

　中教審答申（H28.12）や新学習指導要領（H29.3告示）では、「開かれた教育課程」をキーワードの一つにしている。「学校を開く」ことが公に提起され出したのは、2010年頃である。（参考：小島宏『学校をひらく～変化の時代の教育を求めて』教育出版、1995年）

（1）「学校を開く」ことの意義

　「学校を開く」という発想は、新しいものではないが、筆者は平成元年頃から関心を持ち、その意義について考え、自分が校長になったら「開かれた学校」をつくりたいと想を練っていた。特色ある学校とは、特別なことをする学校ではなく、「充実した授業」と「安定した学校生活」があり、その中の一つが極めて優れている学校のことである。よりよくなりたいと未来に向けて前向きに生きる子供の願いを受止め、それが実現できる学校運営と教育活動を展開することは、保護者や地域住民の願いでもある。これは、開かれた学校づくりによってより可能になると考えた。

　その際、学校を開くことの意義を次頁の10項目のように捉えていた。これらは、今でもそのまま通じるものと思われる。

① 教育目標（法令や学習指導要領における目標、学校の教育目標）を学校・保護者・地域社会が共有し、学校完結の発想を脱することによって、学校教育を生涯学習の一貫とすることが可能になる。（口も、知恵も、汗も出し合う関係）
② 学校の常識を社会の常識に限りなく近づき、学校教育が見えやすく、分かりやすくなる。
③ 学校が、子供の実態や保護者等の願い、社会や世界の動向に敏感になり、学校教育を多様な視点から柔軟に発想し、実施することにつながる。
④ 学校評価が、自己評価（保護者や子供も一部に参加）にとどまらず、学校関係者評価、第三者評価を踏まえた複数の目と物指しによることとなり、学校運営と教育活動の改善が前向きに進められるようになる。
⑤ 学校と保護者・地域住民等との理解（分かり合う）・協力（互いに助け合う）・連携（ねらいを共有し、協働して達成する）が促進する。
⑥ 子供を学校と保護者・地域が一体となって見守り、育てるという風土ができ、学校・家庭・地域のそれぞれの教育力も向上する。
⑦ 地域に根ざした教育活動が活性化する。（地域素材の教材化による学習意欲の喚起、主体的・体験的活動の充実、地域協力者参加の授業で専門家やその道の達人の言動に触れ感動のある学習体験及び内容の多様化、地域社会の一員としての自覚など）
⑧ 学校が、地域における学習センター的役割の復活になり、それがきっかけとなって地域との好ましい関係の強化が期待できる。
⑨ 子供と教師の共同評価、外部評価の導入によって、建設的な意見の把握や新しい発想が生まれ、公立学校の一層の活性化につながる。
⑩ 学校が外部から見えやすくなり、教職員の協働体制が日常化し、学校経営や学級経営が一層充実し、「結果の出せる教育＝質の高い教育」の実現につながる。

（２）学校を開く「窓口」

学校を開くには、具体的な窓口（視点）と内容を明確にする必要がある。そこで、下表のような視点と内容を提案したい。クリティカル・シンキングをすれば、自校流の「開かれた学校」を進める手がかりとなるであろう。

表－8　開かれた学校づくりの「視点と内容」

学校経営	1．その時の最善の調整（レグラシオン理論）によるプラス思考の学校経営（子供へは愛情、教職員へは感謝、保護者・地域へは寛容）
	2．子供に開き、楽しい生活と学習と、安心・安全のある学校
	3．教職員に開き（教職員が開き）、チーム学校の一員として学校運営と教育活動に意欲的に参画・参加する学校
	4．保護者・地域社会に開き、親しみのある学校（意見の傾聴、学校運営協議会、教育計画、教育活動の公開、学校関係者評価、情報の公開）
	5．全教職員が学校運営に参画・参加し、保護者・地域と協力・連携する

教育課程	❶社会や世界の状況を視野に入れ、「より良い学校教育」を進めて「よりよい社会を創る」という目標を持ち、それを社会と共有する。 ❷子供が社会や世界と向き合い関わり合い、自ら人生を切り開いていく資質・能力を教育課程に明確に位置付け、育成する。 ❸学校教育を学校内に閉じ込めず、学校の教育目標を社会と共有し、地域の人的・物的資源の活用をし、社会教育と連携して、実現させる。 １．社会に開かれた教育課程のP編成・D実施・C評価・A改善（教育目標の共有化と連携、社会や世界とのつながり、人的・物的教育資源の活用） ２．生涯学習の基礎づくり（学教法21，30条第２項、中教審答申：知識・技能、思考力・判断力・表現力等、学びに向かう力・人間性等） ３．学校間・校種間の連携（学習内容・方法・評価等、生活規律・学習ルール・生徒指導、キャリア教育、ESD、UDなどの一貫性） ４．週時程・時間割の工夫、１単位時間の弾力的運用・短時間活用、社会教育等との協力・連携 ５．保護者等との協力による家庭学習、学習習慣の確立 ６．よりよい学校教育とよりよい社会づくりとの相互的関わり
時間	１．これからの社会を創り出し、自らの人生を切り開いていく基礎づくり ２．資質・能力の育成など、幼小、小中、中高の一貫性 ３．授業日数・授業時数の確保（週時程、時間割、モジュール制など）
教育資源	❶地域の教育センター的役割（学校の教育力の提供、施設・設備の開放、地域活動への協力、諸機関との連携、災害時の避難場所） ❷オープンスペース、教室の多目的活用、社会教育との連携、複合施設 ❸家庭や地域の教育力の充実への協力 １．学校の教育力の提供（公開講座・講習会、教育相談、PTAや地域への協力・支援） ２．家庭・地域の教育力の発揮、充実への協力・支援 ３．地域の人的・物的資源活用の授業 〈地域は教室〉：自然・施設・企業との活用 〈地域は先生〉：保護者や地域の人、企業の人から学ぶ 〈地域は教材〉：自然・文化等の教材化、地域学習 〈地域は家族〉：地域の人々との交流、地域活動への参加、ボランティアなど 〈地域は世界への入り口〉：地域の外国人と交流、世界の子供たちへの支援など ４．オープンシステム、教室の多目的活用、合築の発想

	5．学校施設・設備の開放（運動場・体育館、図書室、プール、音楽・家庭・図工など特別教室、災害時避難場所、施設・設備など） 6．地域の教育センター的役割（地域の教育力発揮・回復への協力・支援、地域諸機関との連携など）
情報	❶学校の方針・教育内容・活動状況、評価結果などの積極的広報（学校便りやHP、学校公開、保護者会の効果的運営、PTAや地域への発信、CSの運営など） ❷主張の違いを乗り越えて建設的なものは相互に乗り入れる。 ❸見合う・聞き合う・話し合う（子供と教師・共感的子供理解、子供と子供の人間関係、教師と教師の協働体制、教師と保護者はパートナー、学校と地域の理解と協力など） 1．教育情報を積極的に収集・整理・活用する（入口を開く、学校公開、アンケート等による意見の聴取、苦情も情報の一種） 2．教育情報を効果的に活用する（学校運営・教育活動・信頼関係構築に活用） 3．教育情報を共有する（仲間に開く、企画・運営・実施の協働に活用） 4．可能な限り学校情報を保護者・地域等に公表する（出口を開く、学校公開、学校便り・生活指導便り・給食便り等、HP等） 5．個人情報の適切な取扱い（指導要録等の管理、作品・写真、児童生徒・教職員の個人情報保護、USBの管理、メールの管理）
方法	1．学習形態の弾力化（ICT活用個別学習、グループ学習、プロジェクト学習、一斉学習、学年合同学習、縦割り学習など） 2．指導体制の工夫（1C1T、TT方式、少人数指導、習熟度別指導、地域の人的資源（外部人材）を活用した授業など） 3．人間の壁・教室の壁を開く（学び合い（ペアやグループのDialog＝ダイアローグ、学級全体でのDiscussion＝ディスカッション）、協働学習、対話的学習、学級や学年をばらした多彩な学習活動、地域の人や専門家が参加する活動、参観・見学など） 4．習得・活用・探究学習、選択学習、総合的な学習の時間（問題発見・解決学習、知の総合化、知識・技能・考え方の活用など） 5．基礎・基本の定着と個性教育（基礎的学力、発展的学習、指導と評価と支援の一本化、特性を伸ばす学習活動、多様な発想の尊重など）

評価	1．学習評価の改善と活用（注：資質・能力の３つの柱に対応した評価の観点） 2．パフォーマンス評価、ポートフォリオ評価、自己評価（メタ認知力）、自己有用感・自己肯定感、相互評価など 3．欠点を見つけ減点する評価から、よい点・工夫・進歩などを見つけ加点する肯定的評価（ただし、必要なことには注文も付ける）の重視 4．授業の中の「指導と評価と支援」の一体化 5．学校評価（自己評価、学校関係者評価など）の結果と改善策の公表 6．アンケート調査、意見・提案・要望・苦情の活用 7．目標など事前説明（インフォームドコンセント）、進行管理（途中公開）、成果と改善策など結果説明（アカウンタビリティ）。
人間関係	1．子供と教師（共感的児童理解、肯定的評価、「困った子」から「困っている子」への転換、相談と励まし） 2．子供と子供（好ましい人間関係、協力・親切・思いやり（role taking abilities ＝役割取得能力）、いじめ・いじり・嫌がらせ・からかい・暴力等） 3．教職員と保護者（信頼関係、協力関係、パートナー、「困った親」から「困っている親」への転換、相談、小さな段階の丁寧な対応、保護者会の運営、PTAへの協力） 4．教職員と地域住民など（地域住民との関わり、小さな段階の丁寧な応接） 5．関わりの原則（見合う・聞き合う・話し合う、立場を超えて建設的なものは取り入れる、異なることを以て否定の根拠にしない）
人間	1．自立心・自律心、社会性、責任感、自制心の育成、すべきこと・してはいけないこと・したほうがよいこと、善悪判断・ルール・マナー、自主性（自発性＋主体性） 2．豊かな人間関係（自己の確立、教師と子供、子供と子供、教師と保護者、学校と地域・諸機関、家族→学校の集団→社会）、いじめの指導と対応 3．公共心、思いやり（役割取得能力 role taking abilities）、規範意識、公徳心、生命・人権尊重、感動する心、ボランティア精神 4．学習や物事に向かう力、豊かな発想、柔軟性・独自性、「家庭・地域→学級→学校→家庭・地域→日本→世界」との関わり 5．国際社会で活躍することを意識した教育（主体性のある人間、コミュニケーション能力、自国（他国）の文化・伝統の理解と尊重・創造、海外での生活体験・外国人児童の発想や行動の理解と尊重、外国語活動・英語科の充実、平和・共生・交流・貢献・協力・支援・参加など異なることの理解と尊重）

(3) 学校を知ってもらう方策

　学校評価（自己評価）の評価資料を得るために、保護者や地域住民にアンケートを依頼すると、「分からない」という項目の選択がきわめて多い。つまり、学校の様子を知らないからである。ということは、学校が、保護者や地域住民に「平素の学校の様子」をあまり知らせていないからである。そこで、次のようなことを通して、学校は保護者や地域住民に、可能な範囲で「学校の情報」を開くことが必要になる。

> ①学校だより、学年・学級だより、保健室だより、給食だより、生活指導便りなどを発行・配布して、学校の方針・教育内容・方法・活動状況などを保護者や地域（学校協力者、関係諸機関、町会など）に知らせる。
> ②ホームページで、上記①のことを行う。更新を適宜行う。
> ③学校の正門前の掲示板を活用して、上記①のことを行う。
> ④学校公開、保護者会、PTA諸会合などで、学校の方針や活動状況、課題やそれへの取組などを、簡潔かつ平易に伝えるようにする。
> ⑤学校の玄関、広場、廊下などの掲示は、子供に関することを優先するも、保護者や地域向けを意識した掲示を工夫する。
> ⑥外部からの情報も、吟味した上で、子供や保護者に伝える便宜を図る。
> ⑦校長や副校長・教頭はじめ教職員は、地域の諸会合に出席した折に、またコミュニティー誌などに寄稿を依頼された折に、内容・伝え方などに配慮して、学校の方針や活動状況、課題やそれへの取組などを簡潔かつ平易に伝えるように努める。

4　コミュニティ・スクールの運営

　コミュニティ・スクールが増えつつあるが、運営には、保護者や地域住民との協力・連携が重要である。

(1) コミュニティ・スクールの背景とねらい

　コミュニティ・スクールとは、学校運営協議会によって運営される学校のことで、学校運営に保護者や地域住民が関わり、地域ぐるみで子供たちに質の高い教育を行っていこうと実施されたものである。平成15（2004）年に、地方教育行政の組織及び運営に関する法律の改正により導入された。「当該指定学校ごとに学校運営協議会を置くことができる（第47条の5）」と規定され、保護者や地域住民が下記のような一定の権限を持って学校運営に参画することができるようになった。

> ①校長が作成した学校運営の基本方針を承認する。
> ②学校の運営について、教育委員会や校長に対して意見を述べる。
> ③学校の職員の人事について、教育委員会に対して意見を述べる。

　なお、委員は、保護者、地域住民、その他教育委員会が必要と認める者の中から、教育委員会によって任命される。

（2）運営のポイント

　校長は、承認された「学校運営の基本方針」や「学校運営に関する意見」に基づき、具体的な事柄については専決（学校運営の責任者として判断し、決定）し、校務を執行することになり、学校運営と教育活動の主体（役割と責任）は、あくまでも学校にあることを強く認識する必要がある。したがって、学校運営協議会に丸投げをしてはならない。

　その際、校長の立ち位置としては、学校運営協議会に対して、上記①〜③等に関する説明を十分に行うとともに、各委員と意見交換を行い、建設的なものについて取り入れていくことが求められる。学校の意図だけでもなく、丸投げをするのでもなく、保護者や住民が学校運営に関する役割と責任に思いを致し、学校の応援団として支援（提案、意見、要望、保護者や地域のニーズ、協力、情報提供など）してもらえることがポイントになる。

　そこで、校長（学校）は、上記①〜③に関することだけでなく、全ての保護者や地域住民はもちろんのこと、学校運営協議会に対して、学校の教育目標を実現するために学校が行っている日頃の学校運営や教育活動に関する情報を、学校だよりやホームページでこまめに発信し、学校について十分理解してもらえるように配慮する必要がある。

　また、学校運営協議会は学校運営のみならず、社会に開かれた教育課程の編成・実施・評価・改善、地域の人的・物的資源の活用、学校関係者評価（学校の自己評価の結果及び改善策に対する検討及び意見）や第三者評価などに広く活用されている例があり、学ぶべき事柄である。

●研究会代表紹介●

小島　宏（こじま・ひろし）

1942年、東京都三宅島生まれ。東京都内国公立小学校教諭、東京都東村山市教育委員会指導主事、東京都教育庁指導部初等教育指導課指導主事、東京都立教育研究所主任指導主事、東京都教育庁指導部主任指導主事、東京都教育庁指導部初等教育指導課課長、東京都東村山市立化成小学校校長、東京都立多摩教育研究所所長、東京都台東区立根岸小学校校長を務めた。

日本女子大学、東京学芸大学教職大学院の非常勤講師を経て、現在、一般財団法人教育調査研究所研究部長、公益財団法人豊島修練会理事長。

この間、教育課程審議会専門調査員（学習評価）、文部科学省「小学校学習指導要領解説算数編」作成協力者、東京都教育委員会「東京都公立小学校・学校評価基準」作成委員会委員長などを歴任した。

主な著書に『学校を開く』『授業の中の評価』『算数科の授業づくり』（以上、教育出版）、『学校の自己点検・自己評価の手引き（小学校版）』『小学校担任がしなければならない評価の仕事12か月』（以上、明治図書）、『算数科の思考力・表現力・活用力』（文溪堂）、『学校便りの巻頭言の書き方＆文例』『校長・副校長・教頭の実務カレンダー』（以上、学事出版）、『自己申告・授業観察の面談で困ったときに開く本』（教育開発研究所）など25冊がある。その他、編著多数。

新学習指導要領を推進する学校マネジメント
スクールリーダーが取り組むべき8つの重要課題

2018年12月17日　初版発行

著　者　──　現代学校経営研究会（代表・小島宏）

発行者　──　安部英行

発行所　──　学事出版株式会社
　　　　　　〒101-0021　東京都千代田区外神田2-2-3
　　　　　　電話03-3255-5471　FAX03-3255-0248
　　　　　　ホームページ　http://www.gakuji.co.jp

編集担当：丸山久夫（株式会社メディアクリエイト）

装丁：精文堂印刷デザイン室／三浦正已

印刷・製本：精文堂印刷株式会社

©Hiroshi Kojima　　　　　　　　　　　　　　　落丁・乱丁本はお取替えします。

ISBN978-4-7619-2522-2　C3037　Printed in Japan